왜 한국을 싫어하나

• 이 책은 방일영문화재단의 지원을 받아 연구·저술되었습니다.

이해하기 쉬운 지식 연결망과 반한감정

왜 한국을 싫어하나

WHY HATE KOREA

박한우 지음

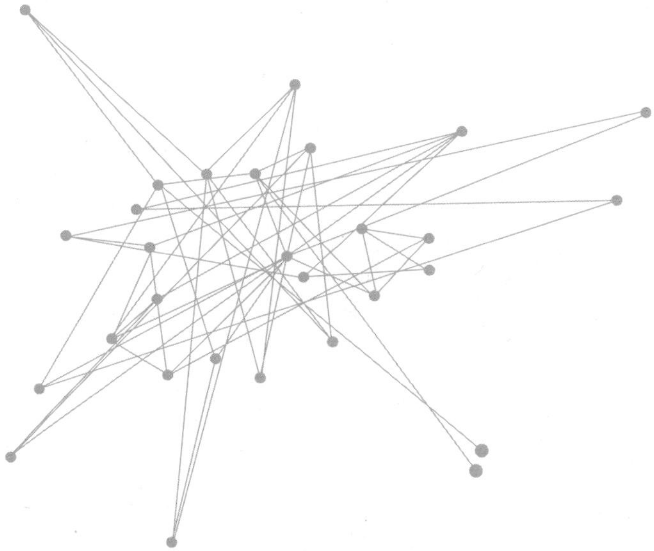

영남대학교 출판부

저자의 말

독자 여러분이 이 책을 열어주셔서 깊이 감사드립니다. 대학에서 흔히 들을 수 있는 인사말, “문송합니다”는 “문과생이어서 죄송합니다”의 줄임말입니다. 이 표현은 취업 시장에서도 자주 등장하는데, 산업혁명 이후의 세계에서 디지털 기술을 충분히 습득하지 못한 채로 직면하는 도전들에 대한 사과의 뉘앙스로 사용됩니다.

이러한 배경에서 대학과 교육부는 디지털 인문학 특별 강좌를 제공하며, 이 과정에서 통계 소프트웨어, 빅데이터 도구, 컴퓨터 프로그래밍 환경 등을 가르칩니다. 인터넷과 소셜 미디어 연구가 지난 20년 동안 이루어졌음에도 불구하고 문과 학생들은 여전히 이 분야에서의 지식과 기술 부족으로 인턴이나 취업 면접에서 난처한 상황에 처하기도 합니다. 이러한 현실이 저를 부끄럽게 합니다.

이 책은 인문학 전공자들이 연구 논문 데이터와 한류에 대한 정서를 보다 쉽게 접근할 수 있도록 설계되었습니다. 현재 우리는 도시와 국가를 포함한 여러 환경이 전환기를 맞이하고 있으며, 이 기간이 지나면 명확한 승자와 패자가 결정됩니다. 이 책을 읽는 여러분이 디지털 인문학 시대에 지식을 얻는 새로운 방법을 배우는 데 도움이 되기를 바랍니다.

이 모든 내용을 혼자서 완성할 수는 없었습니다. 가족과 연구실 동료들, 그리고 박장효, 김은수, 송화영, 정수현, 이정민, 김재훈, 허은영, 채송아 같은 여러 사람의 도움과, 방일영문화재단과 영남대학교출판부의 지원이 있었습니다. 특히나, 편집과 교정과정에서 많은 도움을 준 채송아에게 한번 더 고마움을 전하고자 합니다. 또한, 과거에는 사전과 포털을 이용했으나, 변화된 시대에 맞추어 인공지능 서비스로 맞춤법과 윤문을 진행했습니다.

아리스토텔레스의 말처럼 인간은 도구를 사용하는 동물입니다. 이 책을 통해 여러분이 연구 논문 데이터를 수집하고 분석하여 자신의 필요에 맞게 활용할 수 있는 능력을 키울 수 있기를 바랍니다. 모든 독자의 미래가 밝기를 바라며, 이만 마칩니다.

2024년 8월 1일 **박한우(朴漢雨)**

차례

표 차례

그림 차례

왜 한국을 싫어하나

이유 및 중요성

반한정서의 형성과 현재를
탐구해야 하는 중요성을 설명하면

연구방법: 데이터베이스, 분석도구, 분석기법

반한감정 관련 종자(seed) 문헌,
연구출판물 300건

이유 및 중요성

한류의 세계적 확산 이면에 반한(anti-Korean)감정이 서서히 싹을 틔우고 있다. 한류는 한국 음악, 드라마, 음식 등의 문화적 요소에 호감을 느끼고 나아가, 한국 사람과 더 가까워지기 위해 대화를 나누고 한국을 더 알고 싶어 하는 정서이다. 한마디로 한국과 관련된 무언가에 대한 호감의 표현과 한국인과 가까워지면서 한국에 대한 이해가 높아지는 커뮤니케이션 과정이다.

이 주제에 대해 궁금해 하는 이유는 무엇일까?

반한정서는 한국인이나 한국 문화에 대한 적대감을 의미한다. 그런데 지금까지 반한정서를 주변국인 중국과 일본 등에서 역사적, 정치적 요인에 의해 발생한 국가 간 갈등의 일부분으로 주로 접근해 왔다. 그렇지만 한류가 아시아뿐만 아니라 서구에도 확산하면서, 반한정서는 주변국을 넘어 다양한 맥락에서 나타나고 있다.

하지만 반한감정에 대한 해외논문을 보면 중국, 일본, 대만 등의 개별 국가에서 발생한 한류 현상에 대한 사회적 반감과 혐오 현상에 초점을 맞추고 있다. 그리고 국내 연구나 단행본 및 정책과제 등을 보면, 반한정서에 대한 대처방안으로 한국(인)에 대한 편견이나 오해를 줄이기 위한 정부와 민간의 노력이 필요함을 강조하며 논의를 마무리하는 경향이 강하다.

이에 이번 연구에서 그동안 반한정서에 관한 기존 문헌에서 소홀히 여긴 학계의 반한감정을 이해하기 위한 심층적 분석을 수행하였다. 더 구체적으로 말하면, 이 분야에서 그간 발행된 논문, 단행본 등 학술적 결과를 수집하여 그 연결경로를 체계적으로 이해하는 것에서 시작하여 그 구조와 형태를 면밀하게 파악하려고 노력했다.

연구 생태계의 공급자와 수요자가 확장되고 정보 전파 및 보급 수단이 계속 빠르게 진화함에 따라, 학문적 환경 안팎의 관심을 추적하고 연구 저작물의 학문적 영향을 평가하는 것부터 과학적 정보를 분석하는 다양한 도구와 기법이 등장하고 있다. 이 책에서는 반한정서에 관련한 연구결과의 서지학(bibliometrics) 개요 및 과학계량학(scientometrics) 분석과 온라인 전파 트렌드 분석을 통해 과학적 정보와 학술 커뮤니케이션의 구조와 형태를 새롭게 조사하였다.

이와 관련하여 보완해서 설명하자면, 과학계량학은 영어로 사이언토메트릭스(scientometrics)로 불리는 분야이다.[1] 이것은 정보를 계량적으로 다루는 인포메트릭스(informetrics)의 하위 분야이다. 과학계량학은 인문학, 사회학, 공학, 자연과학 등 모든 분야에서 생산되는 학문적 문헌의 양적 특징과 고유한 특성을 측정하여 과학의 역사적 발전과 내적 메커니즘을 다룬다. 특히, 통계 및 수학적 방법을 통해 연구 저작물의 인용 행위를 이해하기 위한 기법을 개발하거나 피인용도를 조사 집계하여 학술지의 영향 측정 등을 시도한다.

한편 서지학은 애초 19세기 후반에 처음 등장했을 때 인쇄물 형태의 모든 출판물, 즉 편지, 책, 언론기사, 단행본 등의 내용이 아닌 외형, 즉 물질적 측면을 강조하는 것이었다. 이에 서지학 방법은 도서관 및 정보과학 분야에서 책과 문서의 출판 및 읽기와 관련된 정책 및 경영 맥락에서 자주 사용되었다. 그러나 컴퓨터 기술의 보급 이후에, 출판물의 관리를 위해서 계량적 방법을 사용하면서, 서지학과 과학계량학의 두 분야가 크게 겹치면서 오늘날 두 용어는 혼용되고 있다.

---

1 상세한 설명은 국제저명 학술지인 사이언토메트릭스 홈페이지를 참고하기 바람. https://link.springer.com/journal/11192

따라서, 이 책에서도 반한정서와 관련된 학술문헌을 형성하는 지식 분야를 조사 측정하고 정보 분석하는 것을 과학계량학으로 명명한다. 몇몇 문장에서는 문맥에 따라 서지학, 서지측정학, 서지계량학 등으로 표현했음을 미리 밝혀둔다.

이 책에서 다루는 내용과 범위는 어디까지일까?

내용과 범위는 반한감정을 둘러싼 이론적 틀을 비롯하여 기존 역사적 문헌이나 경험적 선행연구 등을 소개하는 것으로 시작하였다. 이 과정에서 반한감정의 형성과 확산에 영향을 미칠 수 있는 역사적, 사회적 요인을 연구 목적에 맞게 개념화하면서 심화해 갔다. 더욱 심각하게 반한정서가 주변 아시아에서 세계적으로 확산되면서 반중 및 반일 정서와 교차적으로 나타나고 있다. 따라서 일본, 중국, 대만 등을 중심으로 한국인을 향한 혐오 태도와 적대적 감정이 어떻게 시작되었으며 현재 상황을 어떠한지를 탐구하여 배경정보를 정리하였다.

방법론으로 들어가면 설계는 기본적으로 계량적 방법이 주된 기법이지만 연구자의 관찰에 근거한 질적 탐구도 적용한 혼합 방법을 활용하였다. 데이터 분석에 사용할 도구와 분석 기법을 먼저 간략하게 설명한 후, 자료 수집 과정을 상세히 정리하였다.

반한정서의 형성과 현재를 탐구해야 하는 중요성을 설명하면

반한정서는 한류의 세계화와 그 성공, 확산, 경제적 영향이 커지면서 발생한 결과라고 인식되고 있다. 최근 몇 년 동안 한국 대중문화의 성장과 한국의 경제적 성장으로 인해 미국에서도 반한감정이 증가하고 있다. 그럼에도 불구하고, 반한정서는 아시아에서 오래된 역사를 가지고 있다. 한류는 최근 십여 년 사이에 동아시아에서 시작되었고, 서구에서는 상대적으로 훨씬 최근인 몇 년 사이에 진행되었다.

이론적으로, 두 문화 간의 유사성이 높을수록 외래문화의 수용이 용이하다는 문화근접성과, 두 문화 간의 차이가 클수록 외래문화의 수용을 위해서는 자국 문화를 많이 할인해야 한다는 관점이 존재한다. 하지만, 외래문화의 수용과 확산을 설명하는 문화근접성이나 문화할인율 이론은 동아시아와 서구에서 동시에 일어나는 한류 확산과 반한정서의 특성을 명확하게 설명하기 어렵다. 반한정서의 원인을 콘텐츠의 선정성이나 폭력성 등의 윤리적 이유로만 해석하는 것 또한 현상을 지나치게 단순화시킨다.

반한정서는 한류가 세계적 담론으로 자리 잡기 이전에도, 동아시아에서 이미 시작되고 있는 경향이 있다. 하지만 아시아에서의 반한감정은 한국인과 한국 문화에 대한 광범위한 부정적인 태도와 믿음이었다. 이는 차별, 증오 발언, 폭력 등 다양한 방식으로 드러났다. 유사한 문화권의 아시아인이 표출한 반한정서의 원인을 다각도로 이해하고 문제를 해결하기 위해 정책적으로 노력하는 것이 중요하지만, 이는 이 연구의 범위를 넘어서는 일이기 때문에 비교적 최근에 나타난 한국 사회와 문화에 대한 부정적인 인식과 분위기를 개괄적으로 정리하였다.

일본에서 나타난 반한정서

특히 일본의 한국 강점기(1910-1945년)에 반한감정이 심했으며, 한국인들은 차별과 억압을 받았다. 예를 들어, 1923년 관동 대지진이 발생했을 때, 이주 노동자였던 조선인에 대한 학살이 일어났다. 또한, 1931년 만주사변이 발생했을 때, 식민지 한국에서 반중 폭동이 일어났다. 이러한 사건들은 대규모 자연재난과 사회참사로 인해 발생한 일본인과 중국인의 반인륜적 반한정서의 표출이었다. 한국은 중국과 일본과의 역사적 외교적 관계에서 열세에 놓여 있었기 때문에, 이러한 정서적 표현은 한국인에 대한 혐오와 적대감 같은 다양한 부정적 감정이 자국의 문제와 결부되면서 나타난 것이었다.

한편 한국이 경제뿐만 아니라 문화강국으로 성장하면서, 1998년 한국 내 일본 대중문화 개방은 일본 내부에서 한국에 대한 관점이 우호적으로 변화할 것이라는 기대를 불러일으켰다(한영균, 2021). 민간 영역에서 문화교류가 확대되는 긍정적인 분위기는 일본이 한국에 대한 인식을 변화시키는 계기가 된 것 같았다. 그렇지만 위키백과[2]의 '일본의 반한정서' 항목에 따르면, 2002년 월드컵 기간 동안 일본과 한국 지지자들이 서로 충돌했다. 양측은 또한 온라인 게시판에 서로에 대한 인종차별적인 메시지를 게시한 것으로 알려졌다. 두 나라 간의 경쟁으로 인해 이벤트를 개최하는 방법에 대한 분쟁도 있었다.

Park과 Park(2024)에 따르면, 2000년 이후의 반한정서는 한류와 연결하여 설명할 수 있다. 일본에서 한국 드라마 '겨울연가'가 큰 인기를 끌며 한류 붐이 폭발적으로 일어났던 2004년으로 거슬러 올라간다. 2005년에는 '만화로 표현된 혐한류'(일본명 マ

2 https://en.wikipedia.org/wiki/Anti-Korean_sentiment_in_Japan

ンガ嫌韓流)라는 책이 아마존 일본 사이트에서 베스트셀러를 차지했다. 이 책을 계기로 일본 사회에서 온라인과 오프라인에서 동시에 한국을 향한 혐오 발언이 폭발적으로 나타났다. 그런데 사실, 이 책은 제목과 달리 한류에 대한 비판은 거의 담지 않고, 한국 정부의 대일 외교 정책과 재일 한국인의 일본 내 행동을 비판하는 내용이 주를 이룬다. 그렇지만, 이 책이 상업적으로 큰 성공을 거두자 이후 '반한류'를 표방하는 책들이 일본에서 우후죽순으로 출간되었다. 이러한 출판 붐으로 인해 일본 사회에서 '반한류'라는 용어가 자리 잡았다. 2011년 8월 9일 2천 명 이상의 시위대가 한국 드라마 방송에 반대하여 도쿄에 있는 후지 TV 사옥 앞에서 시위를 벌였다.

이후 2012년 이명박 대통령의 독도 방문과 천황의 사죄 요청에 따라 일본 내 반한감정은 더욱 심해졌다. 보수 우파 단체들은 유튜브, 트위터, 블로그, 인터넷 방송 등 소셜 미디어를 통해 한국을 모독하는 콘텐츠를 확산시키기 시작하였다. 소위 '넷우익'(ネトウヨ)으로 불리는 단체들은 수동적인 일본인 집단을 능동적 주체로 전환하는 디지털화된 커뮤니케이션의 핵심 능력을 단적으로 보여주었다. 2014년 4월에 시코쿠(四國) 88개 사찰순례길을 따라 13곳에 혐한 스티커가 여러 개 붙어 있었다.

반한감정은 2018년 강제징용 배상 문제의 발흥에 이어 수출관리 강화 조치 등 한일 간 통상 갈등이 심화되면서 2019년 유튜브, 방송, 언론, 출판 등 소셜 미디어에서 두드러졌다. 그리고

2021년에 우지시(宇治市) 우토로(ウトロ)구의 한 한인 마을에 있는 빈집에 한 일본인이 불을 질렀다. 그 화재는 다른 부동산으로 번져 피해를 입혔다. 그는 자신의 행동을 한국인에 대한 증오 때문이라고 진술했다.

중국에서 나타난 반한정서

Park과 Park(2024)은 중국의 상황이 일본과 다를 수 있음을 설명한다. 자본주의 국가와 달리 중국은 정치적 조건에 따라 대중문화를 통제할 수 있는 능력이 있다. 중국인들 사이의 반한감정은 주로 정부 차원에서 국가 간의 외교적 또는 문화적 갈등이 발생할 때 발생한다. 2016년 한국이 사드 미사일 배치를 결정하자 중국이 이에 반발하며 한류 콘텐츠 제작 및 유통 금지와 같은 보복 조치를 단행하였다. 중국 정부는 중국인들 사이의 한류를 비정상적인 팬덤 문화로 평가절하하고 일시적으로 중단되거나 영구적으로 폐쇄하면서 한국인을 도덕적으로 타락했으며, 선진국과는 거리가 먼 존재로 인식해야 한다는 주장을 확산시키는 경향이 있다.

또한 위키백과[3]의 '중국의 반한정서' 항목에 따르면, 한류의

---

3 https://en.wikipedia.org/wiki/Anti-Korean_sentiment_in_China

확산에 따른 한국 문화에 휘둘리는 중국인의 존재에 대해서, 일부 중국인들은 전통적으로 동아시아 지역에서 우월한 위치를 차지해 왔던 자신들의 문화적 정체성에 대한 도전으로 인식한다. 한국인을 다른 동아시아 국가보다 열등한 존재로 인식하는 중국인의 우월감과 오만이 반한정서의 한 원인으로 작용했다고 볼 수 있다. 그래서 한국인을 신뢰할 수 없고, 사기꾼 같은 존재로 비난하는 비합리적 태도가 나타난다. 이런 맥락에서 중국은 혐한, 반한이라는 용어보다 '저항하다' 의미의 '항(抗)한류'라는 용어를 사용하는 경향도 있다.

윤경우(2022)에 따르면, 온라인 공간에서 활동하는 중국 중심의 극단적인 세력이 존재한다. '샤오펀홍'(小粉紅)으로 불리는 이들은 1990년대 이후 출생한 세대로, 애국주의로 세뇌된 사이버 민족주의 집단이다. '홍'(紅)은 붉은 마음으로 당과 국가, 지도자를 사랑한다는 의미로, '작은 분홍색'이라는 뜻이다. 이들은 대졸 이상의 높은 학력 수준과 자기중심적인 경향, 중산층 이상의 경제적 여유를 바탕으로 정치와 중국과 해외의 인터넷을 누비며 중국에 대한 비판적 의견에 무차별적으로 공격하거나, 한류를 비롯한 외래 콘텐츠의 사소한 부분까지도 민족에 대한 도전으로 여겨 무차별적으로 공격한다.

2000년 베이징에서 열린 한중 친선 축구 경기에서 중국 팀이 패하자, 한국 관중들이 중국 관중들에게 폭력적으로 맞는 사건이 발생했다. 이 사건을 계기로, 스포츠 경기가 있을 때마다 중국 내 일반 중국인들 사이에서 반한감정이 고조되었다. 중국 내 한국 교포들은 현지 중국인들의 적대감 때문에 공개적으로 한국팀을 응원하는 것을 두려워하는 것으로 알려졌다. 한편 중국 축구가 한국과의 경기에서 무기력한 패배를 거듭하자 중국 언론에서는 이를 '공한증'(恐韓症)이라는 새로운 용어로 표현하기 시작했다. 운동경기를 둘러싼 한국과 중국의 이러한 갈등은 양국 국민들 사이에 불신을 키우고, 중국 내부에서 한국에 대한 부정적인 인식을 심화시키는 요인으로 작용하고 있다.

대만에서 나타난 반한정서

Ohm과 Park(2018)는 1997년부터 2017년까지 20년간 한국의 대만 관련 언론 기사와 인터넷 검색어를 분석했다. 전반적으로 한국 사람들은 대만과의 단교 이후 대만에 대해 무관심한 태도를 보였다. 그러나 그들은 2010년경에 대만에 나타난 반한감정이 인터넷 검색에 등장했음을 발견했다. 또한 2011년부터 대만의 날씨와 환율 등 대만 여행에 대한 검색도 함께 나타났다. 그들의 해석에 따르면, 2009년까지 한국 사람들은 한국과 대만의 관계를 중국 본토와의 한국 관계라는 틀 안에서 접근했다. 그러나 2010년을 전후하여 한국과 대만과의 문화적 교류가 증가하면서, 직접적인 이웃으로서의 대만을 관찰하고 이해하려는 상호작용 수요가 발생했다. 즉, 사람들이 직접 대만을 방문하기 위한 준비 과정에서 대만 내부의 반한정서에 대한 지적 호기심도 생겨났다는 의미이다.

Park과 Park(2024)의 연구에 따르면, 1990년대부터 대만에서 한국 대중문화 콘텐츠가 인기를 끌기 시작하여 2010년대 초에는 한국 드라마와 노래가 대만 전역에 퍼졌다. 즉, 한류가 나타나고 있었다. 2010년 아시안 게임에서 대만 태권도 선수가 실격 처리되었는데, 이 경기의 심판은 한국계 필리핀인이었고, 판정을 지지한 세계 태권도 연맹의 회장은 한국인이었다. 이 사건으로 대만에서는 한국에 대한 강한 반감이 표출되었다. 화가 난 대만 시민들은 태극기를 불태우고, 한국 제품을 박살내고 불매운동을 벌였다. 온라인 공간에서는 해당 사건으로 인한 반한류 발언이 넘쳐났다. 2016년에는 케이팝 그룹 트와이스의 대만 멤버 쯔위(Tzuyu)가 대만 국기를 들고 있는 사진이 공개되었다. 중국은 쯔위가 대만 독립을 지지하는 것이라고 비난했다. 쯔위가 사과 영상을 올렸지만, 대만에서는 한국에 대한 강한 반감을 표출했다. 다시 말해서, 한국과 대만이 관련된 뉴스거리가 될 만한 사건이 발생할 때마다 대만 온라인 커뮤니티 공간에서는 한국인에 대한 혐오 발언이 쏟아져 나오는 것이다. 물론 이러한 현상을 단순히 한국에 대한 증오의 분출로만 보지 않고, 대만의 정치 지형 변화와 국가 정체성에 대한 이해와 연결시키는 해석도 있다.

동아시아 지역의 반한정서에 대한 정리

오늘날 일본, 중국, 대만 등 동아시아 지역에서 반한감정이 증가하고 있는 것은 사실이다. 이는 현대적인 이벤트와 관련된 요인, 그리고 역사적·정치적 요인 등에 기인한다. 월드컵과 올림픽 당시의 한국과 경기를 진행하는 상대국 지지자들이 한국 선수들을 향해 야유를 보내는 등 양국 지지자들 사이에 갈등이 있었다. 이러한 충돌은 두 나라 국민들 사이에 반목을 키우고, 한국에 대한 부정적인 인식을 심화시켰다. 한국 대중문화의 수출의 경우, 즉 한류의 인기가 높아지면서 일본과 중국 일부 사회에서 부정적인 인식이 확산되고 있다. 한류를 '문화적 침략'으로 인식하는 일부 사람들은 한국 대중문화가 일본과 중국의 문화를 위협한다고 주장한다.

일본은 과거 일제 강점기 당시 조선을 식민지배한 역사를 부정하고 있다. 이러한 역사 부정주의는 한국인들의 분노를 자극하고, 이는 상대국이 한국에 대한 부정적인 인식을 강화시키는 요인으로 작용하고 있다. 일본은 한국의 독도 등에 대해 영토 분쟁을 일으켜서 자국 내 반한정서를 부추기는 경향도 있다. 반한감정을 가진 동아시아인들은 한국인을 폭력적이고 윤리적이지 못하며 비합리적인 사람들로 인식한다. 또한 한국인을 열등하고 불신임할 만한 사람들로 보는 경향이 있다.

동아시아 지역에서 반한류 정서의 주요 요인으로 민족주의 정서에 기댄 자의식 표출과 미디어의 역기능이 있을 가능성이 높다. 일본, 중국, 대만 등은 한국의 성장에 대한 인식과 경계를 수행하는 과정에서 자국민이 반한정서의 형태로 자의식을 표현하는 것을 묵인하는 측면도 있다. 특히, 일본과 중국의 반한류 정서는 민족주의에 기반한 군국주의, 역사주의, 문화주의, 애국심의 복합적인 요인으로 보인다. 그리고 이것은 궁극적으로 한국과 동아시아 국가 간의 관계에 부정적인 영향을 미치고 있다.

연구방법: 데이터베이스, 분석도구, 분석기법

이번 연구과제에서는 디멘션스(Dimensions.ai)와 알트메트릭(Altmetric.com)을 주로 활용하였다. 디멘션스는 출판물, 연구지원금, 데이터셋, 트라이얼(trials), 특허를 연결하는 멀티 데이터베이스이다. 알트메트릭은 뉴스, 소셜 미디어 등을 포함한 온라인 주목도에 관한 데이터베이스이다. 추가적으로 시멘틱스칼라(SemanticScholar.org)를 활용하였다. 시멘틱스칼라는 인공지능으로부터 파생된 제품과 임베딩(embedding) 서비스 기능을 특징으로 하는 과학출판 데이터베이스이다.

학계 연구동향을 파악할 수 있는 데이터베이스 종류와 특징

〈표 1〉은 Lin 등(2023)이 정리한 학계에서 일반적으로 사용되는

주요 자료원의 간략한 요약이다. ✓로 표시된 것은 누구나 자유롭게 접근할 수 있으며, - 표시는 신청 또는 가입 시 사용 가능하며, ✗ 표시는 우리가 아는 한 사용할 수 없음을 뜻한다. 자세한 요약은 〈표 1〉에 출처(source), 핵심 특징(highlights), 소프트웨어를 통한 자동화된 데이터 수집 기능(API), 데이터 덤프(data dump)에 나와 있다.

〈표 1〉 학술용 데이터베이스 출처와 요약 정보

데이터 출처 (Data source)	핵심설명 (Highlights)	에이피아이 (API)	데이터 덤프 (Data dump)
크로스레프 (Crossref)	Data on publications with DOIs registered in Crossref.	✓	✓
오픈알렉스 (OpenAlex)	Data connecting publications, authors, institutions, and concepts.	✓	✓
디멘션스 (Dimensions)	Data connecting publications, grants, datasets, trials, and patents.	-	-
오버턴 (Overton)	Policy documents and their citations to science and policy	-	-
오픈사이테이션스 (OpenCitations)	DOI-DOI open citation links.	✓	✓
에이마이너 (AMiner)	Advanced information generated through data mining techniques.	✓	✓
사이트시어엑스 (CiteSeerX)	Full-text publications, one of the earliest digital library search engines.	✓	-
오키드 (ORCID)	Data on researchers with ORCID IDs (funding, works, peer review, etc.).	✓	-
오알 (ROR)	Data on research organizations with ROR IDs, seeded by GRID.	-	-
리트랙션 와치 (Retraction Watch)	Data on retracted papers and reasons for retraction.	✗	✓

시멘틱 스칼라 (Semantic Scholar)	Publication dataset featuring AI-derived products (e.g., embeddings).	✓	✓
웹오브사이언스 (Web of Science)	Curated by in-house experts, basis for Journal Citation Reports.	✓	✓
펍메드 (PubMed)	Biomedical literature with PubMed IDs, linked to NIH projects, clinical trials, and other biomedical entities.	✓	✓
엔아이에이치 리포터 (NIH RePORTER)	Data on NIH-funded projects, with linkages to publications, patents, and clinical studies.	✓	✓
엔에스에프 어워즈 (NSF Awards)	Data on NSF-funded projects, with linkages to publications.	✓	✓
임상시험 (Clinical Trials)	Information on clinical studies and linkages to references worldwide.	✓	✓
특허보기 (PatentsView)	Data on USPTO patents (citations, classifcations, inventors, etc.).	✓	✓
과학-특허 인용 (Patent Citation to Science)	Patent-science citations extracted from USPTO and EPO patents.	✗	✓
노벨수상자 논문 (Publications of Nobel laureates)	Publication records and prize-winning papers of Nobel laureates.	✗	✓
알트메트릭 (Altmetric)	Data on online attention (e.g., mainstream and social media).	✓	-
코어 (CORE)	Metadata and full-text information of 87M+ papers.	✓	✓
언페이월 (Unpaywall)	Publication metadata and open-access related information.	✓	✓
디오에이제이 (DOAJ)	Community-curated data on open-access journals and papers.	✓	✓
오픈에어 연구망 (OpenAIRE Research Graph)	Data connecting scientific products, organizations, funded projects, etc. from 70K+ sources.	✓	✓
성별 교수 의견 (Faculty Opinions with Gender)	Metadata of authors from Faculty Opinions with gender classification from Faculty Opinions and Web of Science.	-	✓

스코퍼스(Scopus)	Documents selected by an independent review board of experts.	-	-
렌즈(Lens)	Citation relationships within and across papers and patents.	-	-
스프링어 네이쳐 에스시아이그래프 (Springer Nature SciGraph)	Triples connecting multiple entities in the research landscape, including publications, funders, and affiliations.	✓	✓
구글스칼라 (Google Scholar)	Large-scale data on publications, citations, and disambiguated scholar profiles indexed by Google.	✗	✗

출처: Lin 등 (2023)을 저자가 부분적으로 재구성

연결망의 구조와 형태를 시각화할 수 있는 도구 소개 및 특징

〈그림 1〉은 Espinoza(2023)이 제시한 연구자와 실무자가 연결망 형태의 데이터를 시각화할 수 있는 소프트웨어의 목록이다. 총 16개에 이르는 소프트웨어의 이름과 함께 해당 도구를 사용해 시각화한 사례를 제시하고 있다. 여기에서 소개한 소프트웨어에서 이번 연구과제에서는 주로 사용하는 도구는 보스뷰어(VOSviewer), 노드엑셀(NodeXL) 등이 있다. 아래에서 Espinoza(2023)의 내용을 대중적 소프트웨어를 중심으로 간략히 소개한다.

게파이(Gephi)는 연결형 그래프를 탐색하고 이해하는 데 초점을 맞춘 소프트웨어이다. 포토샵과 비교할 수 있는 시각화 기능

을 갖추고 있어 사용자가 표현과 상호 작용해서 구조, 모양, 색상을 조작해서 숨겨진 패턴을 표시할 수 있다. 즉, 상호 작용 인터페이스를 가진 시각적 사고는 추론을 용이하게 하는 장점이 있어, 이 소프트웨어는 연결망의 시각 분석 분야에 새로운 패러다임을 제시했다고 평가받는 만큼 탐색적 데이터 분석용 소프트웨어로 유명하다.

보스뷰어는 출판물이 포함한 제목, 저자, 연도, 참고문헌 등의 다양한 메타(meta) 데이터를 바탕으로 연결망을 구성하고, 시각화하기 위한 소프트웨어이다. 이러한 네트워크는 예를 들어 학술지, 연구자, 또는 개별 출판물을 분석 단위인 노드(node)로 포함할 수 있다. 또한, 이 도구를 사용하여 누구나 피인용, 서지 커플링(coupling), 공동 피인용 또는 공동 저자 관계에 기초하여 연결망을 구성할 수 있다. 특히, 보스뷰어는 과학기술 및 학술연구 문헌에서 추출한 중요 용어의 동시 발생 네트워크를 구성하고 시각화하는 데 사용할 수 있는 텍스트 마이닝(mining) 기능을 제공한다.

위에서 설명한 2개 소프트웨어는 개인용 컴퓨터에 설치하지 않고도 데이터 시각화를 탐색할 수 있다. 또한, 네트워크와 그래프를 시각화하고 탐색할 수 있는 자유로운 개방형 웹 애플리케이션도 있다. 연구 목적이라면 무료로 웹 기반 경량 버전을 사용할 수 있다.

다음으로, 노드엑셀은 미국의 소셜 미디어 연구 재단(Social

Media Research Foundation)의 Marc Smith 박사가 주도하여 개발한 네트워크 분석 도구이다. 이 재단은 노드엑셀의 이용과 확산의 본거지이며, 다양한 분야의 학자들로 구성된 글로벌 네트워크의 형태를 띠고 있다. 이 소프트웨어는 외부의 지원을 받지 않고 운영되고 있어, 초기와 달리 현재는 유료 프로페셔널 버전인 노드엑셀-프로가 핵심 소프트웨어이다. 이것은 엑셀(Excel)에 메뉴와 기능을 추가하여 네트워크 데이터를 가져오고 저장하고 분석 및 시각화하며, 궁극적으로 연결된 구조에 대한 통찰력을 공유하는 보고서를 생성하는 작업을 단순화한다. 노드엑셀-프로는 커뮤니티 클러스터링(clustering), 인플루언서 탐지, 콘텐츠 분석, 감정 분석, 시계열 분석 등 전문적인 네트워크 분석과 시각화를 수행할 수 있는 모든 기능을 지원한다.

이러한 도구들은 연결형, 즉 네트워크 형태의 데이터를 출처로(sourcing) 하여서 데이터 분석가들이 연구 문제나 가설 등을 세우고, 시각화를 통해서 직관적으로 패턴을 발견하고, 구조적 특이점이나 전체적 형태와 내용을 파악할 수 있도록 돕는 것을 목표로 한다. 그리고 과거에는 전통적인 통계학의 보완적인 도구로 여겨졌으나, 최근에는 빅데이터의 도입과 확산으로 연구 방법과 분석 기법의 주요한 요소로 자리 잡아가고 있다.

〈**그림** 1〉 연결망 데이터의 시각화 도구와 사례

Gephi	Cytoscape	NodeXL	Graphia
		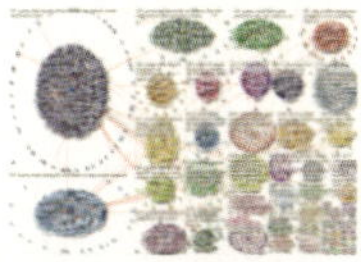	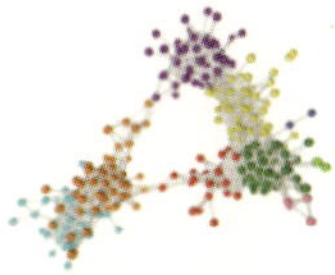
Gehisto	SocNetV	Graphext	VOSviewer
	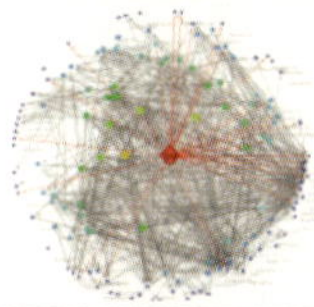		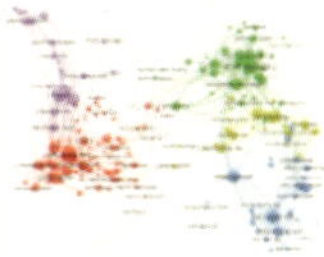
Graphistry	Retina	Tulip	GraphInsight
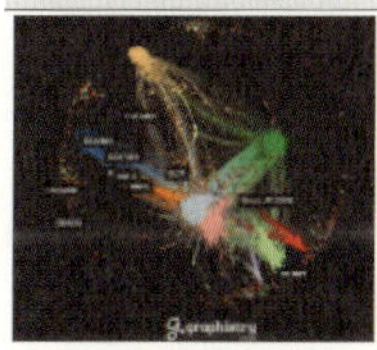		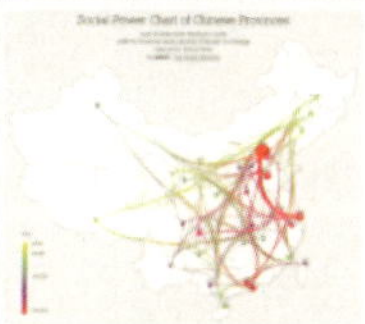	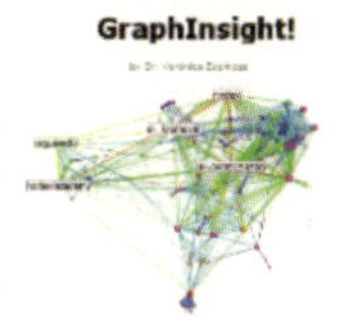
The Vistorian tool	Cosmograph	Kumu	Orange
	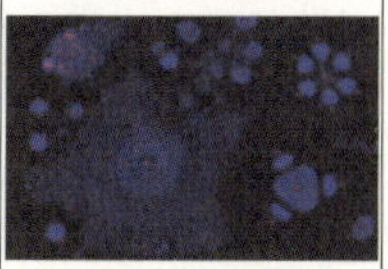	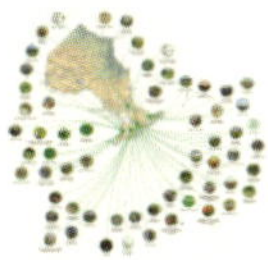	

출처: Espinoza(2023)를 저자가 부분적으로 재구성

반한감정 관련 종자(seed) 문헌, 연구출판물 300건

반한정서를 표현하는 용어는 일본은 혐한(嫌韓), 중국은 항한(抗韓) 등 다양한 용어가 여러 맥락에서 쓰이고 있지만 영어권에서는 위키백과 목록으로 올라온 ‘anti-Korean sentiment’를 보편적으로 사용하고 있다. 따라서 이 단어를 핵심어로 설정하여 학술용 데이터베이스에서 가능한 최대한 분량의 연구결과물을 빅데이터 형태로 수집하였다. 2023년 9월 19일 현재 제목, 요약문, 본문, 참고문헌 등 어느 영역에서나(full data) ‘anti-Korean sentiment’가 포함된 출판물(publication)은 300건으로 나타났다.

구체적으로 살펴보면, 〈표 2〉에서 나타나 있듯이 연구 제목과 요약문만을 대상으로 반한정서를 주요어로 해서 검색한 결과 23건에 불과하였다. 이에 검색 범위를 연구결과물 전체로 확대하였다. 그리고 이 과정에서 자료 선택의 타당성을 높이기 위해서 큰따옴표 검색을 통해서 반한정서를 뜻하는 영어 구절과 일치하는 경우만을 수집하려고 시도했다. 한국을 뜻하는 영어 단어는 대문자, 소문자 어느 것을 사용해도 동일한 결과가 나왔다. anti-Korean 사이에 위치한 하이펀(-)을 제외해도 결과는 차이가 없었다.

〈표 2〉 검색어별 데이터 수집가능한 건 수

검색어	건 수
"anti-Korean wave" OR "hate-Korean wave"	117
"anti-Korean sentiment"	300
"anti-Korean sentiment" OR "anti-Korean wave" OR "hate-Korean wave"	390
"anti-Korea" OR "anti-Korean"	1,228

구체적으로 설명하면, 이 연구를 위해 'anti-Korean sentiment'을 검색어로 최종 선정하기 전에 관련된 다른 용어를 이용한 데이터 수집 가능성을 검토하였다. 예를 들어, 'anti-Korean wave' 또는(OR) 'hate-Korean wave'(반한류와 혐한류를 각각 뜻함)를 검색하니 117개의 데이터가 나왔다. 그리고 이 결과를 부울리언 연산식을 통해 'anti-Korean sentiment'와 합쳐보니 'anti-Korean sentiment' 또는(OR) 'anti-Korean wave' 또는(OR) 'hate-Korean wave'를 검색하니, 390개의 데이터가 나왔다.

그런데 이렇게 하면 한류 확산 이후의 연구 저작물로 과도하게 집중되는 문제점이 있었다. 또한 'anti-Korea' 또는(OR) 'anti-Korean'(반한과 반한국인을 각각 뜻함)를 검색하니 1,228개의 데이터가 나왔는데, 한국인을 대상으로 특정 물질을 실험한 의학과 건강 관련 논문들이 다수 검색되어 나왔다. 이에 연구목적의 초점을 명확히 하기 위해서 'anti-Korean sentiment'를 이 책에서 사용하는 검색어로 선택하였다.

반한정서
연구 생태계의
계량화

연구 생태계의 조사 끝에 얻은 중요한 발견

연구 생태계의 조사 끝에 얻은 중요한 발견

학술적 결과물은 연구자 공동체 내부에서의 동료읽기와 상호 인용을 통해서 질서정연한 담론의 형태를 갖추어 간다. 따라서 수집한 연구결과물을 중요한 분석 자료로서 활용한 과학계량학(scientometrics) 기반의 연결망을 시각화하면 반한정서에 내재된 잠재된 지적 교류 구조를 드러내기 때문에, 일반인과 비(非)전문가 집단도 이 현상을 이해하는 데 유용하다.

반한정서 연구량과 동향

1947년 캘리포니아대학출판사에서 발간한 '극동지역조사'[4] 16호의 '재일 한국인 소수민족'[5]에 관한 장(chapter)이 수집한 자료에서 가장 오래된 연구 저작물로 나타났다.

〈그림 2〉에서 보듯이, 최근 10년간 이 분야의 관련연구는 2017년과 2021년에 쌍봉을 기록하며 지속적으로 증가하고 있다.

〈그림 2〉 반한정서와 관련된 최근 10년간 연구량의 변화

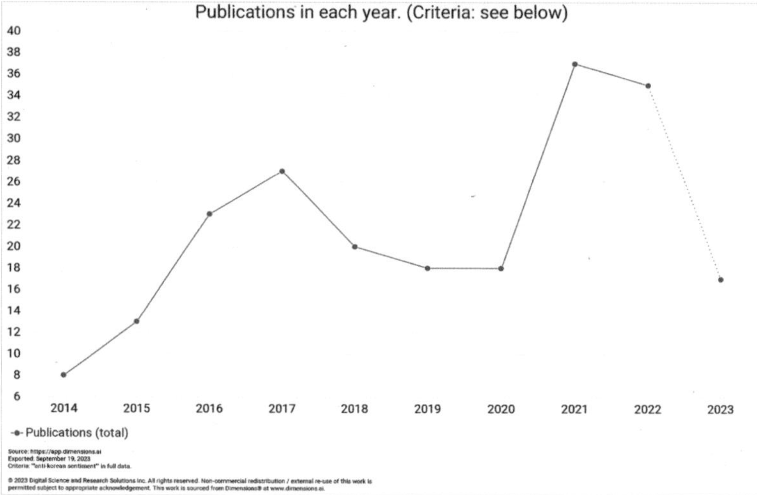

출처: 디멘션스

수집된 데이터에서 출판연도가 명확하게 표시되지 않은 연구저작물은 집계에서 제외하였다(〈표 3〉).

---

4 Far Eastern Survey

5 The Korean Minority in Japan

〈표 3〉 반한정서와 관련된 최근 10년간 연구량

연도	연구 저작물
2014	8
2015	13
2016	23
2017	27
2018	20
2019	18
2020	18
2021	37
2022	35
2023	17
합계	216

반한정서 연구경향을 한눈에 파악하기 위해서 분야별 출판물 현황이 유용하다. 이것은 디멘션 데이터베이스가 기본으로 설정한 '호주 및 뉴질랜드 표준 연구 분류'(ANZSRC 2020)에 따른다. '언어, 커뮤니케이션과 문화'[6]와 '인간 사회'[7]가 가장 많으며

6 Language, communication and culture

7 Human society

'문화 연구'[8]와 '정치 과학'[9]이 그 뒤를 이었다. '상거래, 사업관리, 관광과 서비스'[10]는 미미했다. 2편에 불과했다. 시간에 따른 피인용 수는 증가하고 있으며, 총 피인용 수는 52회이고 평균은 2.26회로 나타났다. 한편 유엔이 정한 '지속가능한 발전목표'[11]에 따라 분류하면, '정의와 강력한 제도화'[12]에 가장 많이 해당됨을 알 수 있다. 그리고 '높은 품질의 교육'[13], '불평등의 감소'[14] 등의 순서로 가장 많이 분류되었다. 수집된 데이터에는 ANZSRC와 SDG 분류가 표시되지 않은 연구 저작물이 포함되어 있기 때문에, 이 결과는 추세를 설명하는 데 적합하다.

반한감정은 개인의 경험이나 감정에 따라 느끼는 정도가 다를 수 있기 때문에, 일반인을 대상으로 한 전통적 여론조사 등만으로 정확하게 파악하기 어렵다. 따라서 학계를 대상으로 한 위의 연구결과물 조사는 반한감정의 드러나지 않은 측면을 과학적으로 검토할 수는 중요한 자료이자 지표라고 할 수 있다. 반한감

8 Cultural studies
9 Political science
10 Commerce, management, tourism and services
11 SDG (sustainable development goal)
12 Justice & strong institutions
13 Quality education
14 Reduced inequalities

정의 학술적 기원, 형성에 따른 논의과정, 증가 원인과 효과 등을 정확하게 조명하기 위해서 300건에 대한 제목과 요약문에 내재된 의미망부터 개인, 기관, 국가별 협동연구망을 해부하였다.

반한정서 연구가 포함된 주요 출처와 출판물

〈표 4〉는 반한 출판물이 2회 이상 포함된 학술지, 단행본, 리포지토리(repository) 등의 목록이다. '인터-아시아 문화연구'[15], '크로스커런츠'[16], '에스에스알엔'[17] 등이 5회로 가장 많았다. 그 다음으로 '아시아 관점'[18], '동아시아[19]', '스포츠사 국제 저널'[20], '태평양 포커스'[21] 등이 3회로 나타났다.'아메라시아 저널'[22]과 '현대 아시아 저널'[23] 등을 포함한 나머지 출처에서는 2회로 나타

15 Inter-Asia Cultural Studies
16 CrossCurrents
17 SSRN Electronic Journal
18 Asian Perspective
19 East Asia
20 The International Journal of the History of Sport
21 Pacific Focus
22 AmerAsia Journal
23 Journal of Contemporary Asia

났다.

가장 주목할 만한 학술지로 '인터-아시아 문화연구'가 있다. 이 학술지는 테일러스&프란시스 출판사에서 아시아의 다른 국가 및 지역 간의 의사소통과 교류 증진을 목적으로 분기별로 발행하는 학술지다. 2000년에 설립되었으며, 클래리베이트의 웹오브사이언스(WoS, Web of Science)에 등재된 국제적으로 저명한 학술지이다. 이 학술지에 게재된 연구논문으로는 '여러분은 비(Rain)를 본 적이 있나요? 그리고 누가 비(Rain)를 막을 것인가요?: 한국 팝의 세계화 프로젝트(K-팝)'(Shin, 2009)와 '냉전 초기 '미국'의 번역: 한국과 대만 대중음악사 비교 연구'(Shin과 Ho, 2009) 등이 있다. 첫째 논문은 지금까지 81회, 둘째 논문은 21회 인용되었다. 두 논문 모두 한국연구재단으로부터 지원금을 받았다. 특히, Shin(2009)은 최근 2년 동안 받은 인용 빈도가 10으로 비교적 높게 나타났으며, 동일 분야의 평균 피인용 빈도를 고려한 분야 피인용 비율(FCR, Field Citation Ratio) 값에서도 56.5, 온라인 주목도를 측정하는 알트메트릭(altmetric) 값도 6으로 눈에 띄는 연구 성과를 보였다.

FCR은 동일 분야에서 유사한 출판 기간의 논문과 관련하여 해당 출판물의 상대적 피인용 성과를 정량화하는 것이다. 해당 출판물들은 적어도 2년 이상 된 것이어야 하며, 2000년 이후에 출판된 것이어야 포함할 수 있다. 이는 출판연도가 오래될수록 피인용률이 높아지는 것을 고려하여, 총 피인용 수가 예외적으로 높은 출판물들의 영향을 줄여준다. 알트메트릭 값은 온라인 뉴스 매체, 블로그에 대한 댓글, 트윗 수, 소셜미디어에서의 언급도 등 온라인에서 주목받는 관심을 통해 각 출판물이 학계뿐만 아니라 대중 사회에 미치는 영향을 계량화한다.

'크로스커런츠'는 사회적 정의라는 관점에서 마음의 지혜, 마음의 삶, 몸의 경험 등을 연결하는 연구결과의 확산을 추구하는 글로벌 학술지이다. 2021년까지 와일리에 의해 출판되었다가 현재는 미국 북캐롤라이나대학교 출판사[24]가 발행하고 있다. 하지만 논문 접수와 편집 등의 업무는 '공공 종교와 지적 삶을 위한 협회'(APRIL)를 통해 운영되고 있다. '크로스커런츠'에 포함된 연구논문들 가운데 가장 오래된 것으로 '뉴욕시 퀸즈 플러싱의 협상되는 또는 협상의 공간으로서 한국 교회'(Pae, 2008)가 있었다.

한편 동명의 학술지로 편집과 출판 주체가 다른 경우가 있었다. 크로스와 커런츠 사이에 하이펀이 있으며 부제로 '동아시아 역사와 문화 리뷰'[25]를 포함하고 있다. 이 학술지는 미국 하와이대학교 출판사[26]가 발행하고, 고려대학교 한국학연구소와 미국 캘리포니아대학교 버클리캠퍼스 동아시아학연구소가 공동으로 편

---

24 https://uncpress.org/journals/crosscurrents

25 Cross-Currents: East Asian History and Culture Review

26 http://www.uhpress.hawaii.edu

집했으며, 구독 위주가 아닌 자유로운 개방형 모델인 오픈 액세스를 채택했다. 이 학술지는 오늘날 동아시아를 이해하는 중요한 영향을 미치는 16세기부터 현재까지의 자료에 대한 최신 연구결과와 떠오르는 동향 및 최신 관점을 제공하는 것을 목표로 반기마다 발행되었지만 2020년을 끝으로 중단되었다. 이 학술지에는'이주노동과 학살: 1923년 관동대지진 당시의 조선인과 중국인 학살과 1931년 식민지 한국에서 일어난 반중 폭동과 중국인 학살의 비교'(Jung, 2017) 논문이 실렸다.

한편 오픈 액세스란 저작권을 보유한 출판사나 저자가 연구 저작물의 접근, 사용, 재사용, 배포, 복제, 출판, 전송, 전시, 공연, 상영, 방송, 배포 등을 제한 없이 허용하는 것을 말한다. 오픈 액세스 모델은 다음과 같이 구분할 수 있다. 골드(gold)는 저널에서 출판되는 논문을 즉시 무료로 이용할 수 있는 모델이다. 출판사는 논문처리비용을 연구자에게 청구한다. 하이브리드(hybrid)는 구독 기반 저널에서 일부 논문은 유료로, 일부 논문은 무료로 이용할 수 있는 모델이다. 무료로 이용할 수 있는 논문의 출판 비용은 저자, 소속기관, 또는 연구 지원 기관에서 부담한다. 그린(green)은 구독 기반 저널에 출판된 논문을 저자가 기관 리포지터리 또는 주제 리포지터리에 보관하여 무료로 이용할 수 있도록 하는 모델이다. 이외에도 브론즈(bronze)는 논문의 요약이나 초록만 무료로 이용 가능한 모델이다. 오픈 액세스 모델은 전통적 폐쇄형(closed) 모델과 비교하여, 학술 연구의 접근성과 공유성을 높이고, 연구의 영향력을 높이기 위해 중요한 역할을 하고 있다.

이와 관련하여 한국과학기술정보연구원이 발간한 '키스티 데이터 인사이트' 32호 'G20 국가의 과학기술 스코어보드' 보고서에 따르면, G20 대부분 국가에서 오픈 액세스 논문의 출판 비중이 2018년부터 2021년까지 과거에 비해 크게 증가하고 있는 것으

〈표 4〉 반한정서 연구가 포함된 학술지, 단행본 등

출처	값
Inter-Asia Cultural Studies	5
CrossCurrents	5
SSRN Electronic Journal	5
Asian Perspective	3
East Asia	3
The International Journal of the History of Sport	3
Pacific Focus	3
AmerAsia Journal	2
Journal of Contemporary Asia	2
Critical Asian Studies	2
Asian Survey	2
Journal of East Asian Studies	2
Journal of Korean Language Education	2
Studies in Humanities and Social Sciences	2
International Communication Gazette	2
Springer Geography	2
The Political Economy of the Asia Pacific	2
Politics와 Society	2
Advances in Social Science, Education and Humanities Research	2
Palgrave Series of Sport in Asia	2

로 나타났다. 특히, 영국은 오픈 액세스 논문 비율이 80% 이상으로 가장 높게 나타났다. 유형별로 보면, 하이브리드가 가장 높은 비중을 차지했고, 그 다음으로 그린 모델, 브론즈 유형 순으로 비중이 낮아졌다. 한국은 골드 유형이 가장 높은 국가로 나타났다.

반한정서 주제로 돌아가면 대규모 자연재난과 안전사고가 발생하면 대중들은 평소에 가지고 있었던 사회 정의에 대한 교양의식을 망각하고, 비윤리적인 행동을 드러낸다. Chang(2022)에 따르면, 1923년 관동대지진의 학살은 반인륜적 반한정서의 표출되는 계기가 되었다. 대평야에 발생한 이 지진은 순간 진도가 7.9였으며, 도쿄, 요코하마 항구 도시와 주변 현을 파괴하며 지역 전체에 피해를 끼쳤다. 사망자는 약 14만 명으로 추산되며, 전쟁 전 일본에서 겪은 최대의 재난이다. 당시 한국은 일본의 식민지였다. 그런데 한국인들이 이 공황에 가까운 재난상황을 이용하여 방화와 강도를 저지르고 폭탄을 소지하고 있다는 근거 없는 소문이 퍼졌다. 공포에 빠진 일본인들은 수천 명의 한국인들을 대상으로 적대감을 표출했으며 한국인을 붙잡아 폭행하고, 추방하고, 심지어 집단 살인을 저질렀다. 자연재해는 인간 재해로 변질된 것이다. 한편 Chang의 한국어 이름은 장시정으로 그는 2023년 1월 현재 한국의 유엔 대표단에서 근무 중인 전문 외교관이며, 주 카타르 대사와 주 함부르크 총영사를 역임했다. 또한 한독 관계 등 외교안보 모델의 유형과 의미에 대한 통찰력이 있는 것으로 알려져 있다.

한편 반한정서 연구 저작물의 출현 빈도는 낮았지만 피인용

빈도가 많고 알트메트릭 값이 높은 논문이 게재된 학술지가 있었다. 세이지(Sage) 출판사에서 발행하는 디지털 미디어와 온라인 커뮤니케이션 분야를 주로 다루는 '뉴미디어와 사회'[27]이다. 이 학술지에 게재된 '초국가적인 한국 대중문화의 소셜 미디어 공간: 확산 가능한 미디어 실천으로서의 한류 2.0'(Jin과 Yoon, 2016) 논문이다. 이것은 총 피인용빈도(84회), 최근 피인용도(18), FCR(48.75), 알트메트릭(67)으로 탁월한 성과를 드러냈다.

〈표 5〉 총 피인용 및 평균 피인용 수 기준 최상위 출판 출처

출처	총 피인용 수	출처	피인용 평균값
Inter-Asia Cultural Studies	110	New Media & Society	84
New Media & Society	84	Philosophy & Social Criticism	65
Philosophy & Social Criticism	65	Radical History Review	48
Radical History Review	48	Journal of Contemporary China	41
Journal of Contemporary China	41	Asia Pacific Journal of Tourism Research	32

〈표 6〉을 보면, 반한정서 연구 저작물은 반드시 논문 형태로 학술지에만 출판되지 않음을 알 수 있다. 어떤 주제로 한정하여

27 New Media & Society

특정한 단일 분야를 초점으로 출판하는 모노그래프(monograph) 행태의 특수 연구서와 편저서(edited book)도 피인용도가 높게 나타났다. 예컨대, 총 피인용 수 기준 3번째인 '한류, 한국 미디어 글로벌로 가다'[28]와 '메이지 일본에서 정치의 은폐, 은폐의 정치, "문학"의 생산'[29] 논문이 여기에 각각 해당된다. 그리고 3번째의 모노그래프는 최근 피인용도(10), FCR(44.07), 알트메트릭(52)의 3개 지표에서도 상당히 높은 값을 보였다.

〈표 6〉 총 피인용 수 기준 최상위 연구 저작물과 출판 정보

제목	출처	출판사	출판연도	출판유형	총 피인용 수	최근 인용 수	FCR	알트메트릭
The social mediascape of transnational Korean pop culture: Hallyu 2.0 as spreadable media practice	New Media & Society	SAGE Publi cations	2014	Article	84	18	48.75	67
Have you ever seen the Rain? And wholl stop the Rain?: the globalizing project of Koreanpop(K-pop)	Inter-Asia Cultural Studies	Taylor & Francis	2009	Article	81	10	56.5	6

28 The Korean Wave, Korean Media Go Global

29 Concealment of Politics, Politics of Concealment, The Production of "Literature" in Meiji Japan

The Korean Wave, Korean Media Go Global		Taylor & Francis	2013	Mono graph	68	10	44.07	52
Philosophical analysis and the moral concept of racism	Philosophy & Social Criticism	SAGE Publi cations	1999	Article	65	28		10
Concealment of Politics, Politics of Concealment, The Production of "Literature" in Meiji Japan		De Gruyter	2007	Edited Book	62	1		
Manga and the Representation of Japanese History		Taylor & Francis	2012	Mono graph	61	3	61.36	9
A Record of Ancient Japan Reinterpreted, Translated, Annotated, and with Commentary		Brill Academic Publishers	2016	Mono graph	54	0	81.72	3
Three-Dimensional Reading, Stories of Time and Space in Japanese Modernist Fiction, 1911-1932		De Gruyter	2017	Edited Book	54	0		
Riots and Pogroms		Springer Nature	1996	Edited Book	51	2		4
Media Consumption and Everyday Life in Asia		Taylor & Francis	2008	Mono graph	50	3		
Xenophobia in Action Ultra nationalism, Hate Speech, and the Internet in Japan	Radical History Review	Duke University Press	2013	Arti cle	48	12	70.78	11

반한 출판물의 관심 주제와 핵심 담론[30]

반한 출판물의 관심 주제는 보스뷰어 소프트웨어를 사용해서 제목에서 최소 2회 이상 등장한 핵심 단어와 구절 등을 추출해서 진행하였다. 이 주제어 목록은 저자가 논문이나 단행본 등을 통해서 독자에게 전달하고 싶은 내용을 압축적으로 표현한 것이다. 따라서 연구결과물에 대한 열쇠의 기능을 할 수 있다.

보스뷰어는 모든 영어 문자를 소문자로 처리하므로, 분석결과에서 고유명사도 철자법 원칙과 달리 대문자로 표시되지 않는다. 그리고 s로 끝나는 단어로 복수형으로 간주하고 단수형으로 변환시켜 처리한다. 하이픈(-)으로 연결된 단어도 오류를 최소화하기 위해 하이픈을 자동적으로 제거하고 처리한다. 그리고 보스뷰어는 자연어 처리를 위해 '아파치 개방형 라이브러리'[31]를 사용하여, 명사구를 문장 내에서 하나 이상의 연속된 단어의 시퀀스로 정의하여 텍스트 데이터에서 자주 사용되는 명사구를 식별한다.

먼저, 10회 이상 출현한 주요어를 정리한 〈표 7〉을 보면 반한

---

30 보스뷰어를 이용한 연구논문 데이터 분석과 지식 연결망 조사에 대한 상세한 설명은 저자의 유튜브 강의를 참고하기 바람. https://youtu.be/SApd7CmdehA

31 Apache OpenNLP library

출판물의 관심 분야를 쉽게 파악할 수 있다. 일본(Japan)과 남한(South Korea)이 각각 55회와 25회로 가장 많았다. 그렇지만 남한(South Korea)과 한국(Korea)으로 표기된 경우를 합치게 되면 36회이다. 남한과 한국을 유사 단어로 간주하여, 통합 빈도를 계산할 수 있다. 하지만 그렇게 되면 저자가 출판물에서 의도한 의미와 맥락을 놓칠 수 있으므로, 이른바 단어 정제를 최소화하는 것이 이 연구의 결과 해석에 더 도움이 된다. 이외에도 중국(China), 아시아(Asia), 민족주의(nationalism), 정치(politics), 연구(study) 등이 많이 출현했다.

〈표 7〉 제목에서 10회 이상 나타난 핵심어

단어	출현 빈도
Japan	55
South Korea	25
China	21
Asia	12
nationalism	12
politics	11
Korea	11
study	10

〈그림 3〉에 따르면, 반한 출판물은 8개의 담론으로 구성되어 있음을 확인할 수 있다. 제목에서 사용된 총 896개 주제어 중에서, 다른 주제어와 함께 자주 출현하지 않은 경우, 즉 고립자를 제외한 111개 단어를 분석대상으로 하였다. 2개 주제어 쌍의 동시 출현 빈도에 기초한 관계 값은 343이고, 총 관계 강도 값은 415이다.

〈그림 3〉 반한 출판물의 제목에서 사용된 주제어와 클러스터링 구조

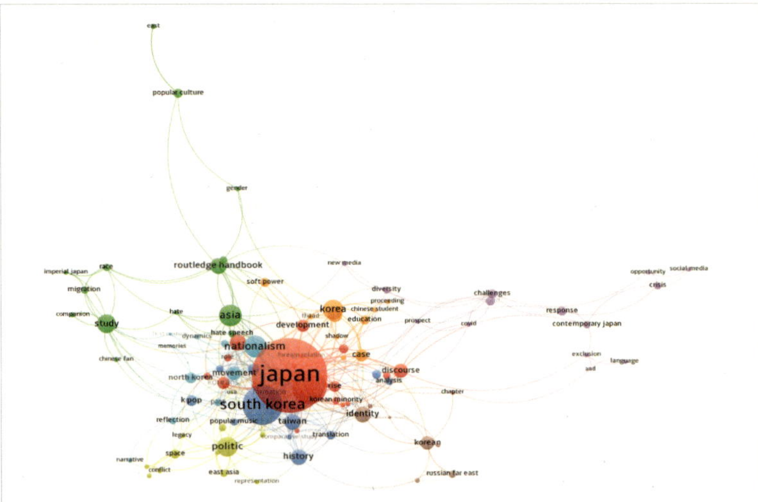

하위 담론을 파악하기 위해, 보스뷰어에 탑재된 린로그/모듈래리티(LinLog/Modularity) 클러스터 기능을 사용하였다. 서로 다른 담론은 다른 색깔로 구분하였으며, 주요어가 제목에서 출현한 빈도가 많을수록 해당 단어를 크게 하였다. 그리고 클러스터별 주제어 목록은 〈표 8〉에 정리하였다.

〈표 8〉 반한 출판물의 제목에서 사용된 클러스터 목록과 주제어

주제어	클러스터	주제어	클러스터	주제어	클러스터	주제어	클러스터
Japan	1	Asia	2	South Korea	3	politics	4
China	1	study	2	Taiwan	3	space	4
era	1	routledge handbook	2	history	3	society	4
discourse	1	popular culture	2	k pop	3	memory	4
Koreans	1	race	2	anti Korean sentiment	3	east Asia	4
development	1	migration	2	translation	3	time	4
rise	1	hate speech	2	foreign policy	3	struggle	4
human right	1	ethnicity	2	popular music	3	sport	4
challenge	1	vietnam	2	globalization	3	representation	4
role	1	southeast Asia	2	analysis	3	legacy	4
racism	1	imperial Japan	2	search	3	geopolitics	4
life	1	hate	2	international relation	3	distrust	4
Korean minority	1	gender	2	comparative study	3	conflict	4
formation	1	east	2	case study	3	usa	4
northeast Asia	1	companion	2	context	3		
middle powers	1	chinese fan	2				
Korean diaspora	1						
foreign relation	1						
fall	1						

comparative perspective	1						
border	1						
world	5	nationalism	6	Korea	7	identity	8
response	5	movement	6	Korean wave	7	Korean	8
challenges	5	north Korea	6	case	7	russian far east	8
diversity	5	reflection	6	soft power	7	diaspora politic	8
crisis	5	past	6	education	7	construction	8
contemporary Japan	5	attitude	6	hallyu	7	comparison	8
social media	5	narrative	6	thaad	7	chapter	8
prospect	5	dynamics	6	shadow	7	colonial Korea	8
opportunity	5	digital age	6	russian election interference damage support	7		
new media	5	21st century	6	proceeding	7		
language	5	memories	6	Chinese student	7		
exclusion	5	first century	6				
covid	5						
and	5						

그런데 흥미롭게도 피인용 빈도가 높은 논문과 단행본 등에서 사용된 주요어를 보면, 재현(representation)과 한류(hallyu)가 가장 높은 값을 보이고 있다. 이외에도 인종주의(racism), 혐오발언(hate speech), 유물(legacy), 투쟁(struggle) 등이 눈에 띄게 등장하고 있다.

〈표 9〉 평균 피인용 값이 20 이상의 연구결과에서 나타난 주요어

주제어	피인용 평균[32] (Avg. citations)	피인용 평균의 표준화 [33] (Avg. norm. citations)
representation	30.5	1.668
hallyu	30	2.5579
time	27	3.6562
analysis	24.3333	0.679
racism	24.3333	4.6508
hate speech	23.6667	2.2016
legacy	23	2.5507
struggle	23	1.6438
21st century	20.5	4.4114
conflict	20	1.5813

핵심 주제어가 출현한 논문과 단행본 등의 평균 출판 도를 보면, 반한정서 관련 문헌의 시기별 관심 트렌드를 알 수 있다. 먼저, 한국인 소수자(Korean minority)와 일본 제국주의(imperial Japan) 등의 키워드가 포함된 연구 저작물의 평균 출판연도가 1995년으로 가장 이른 것으로 나타났다. 2000년대에 들어서면서 디아스포라 논의가 본격화되면서 갈등(conflict), 인종(race), 인권(human right), 이주(migration), 미국(USA), 불신(distrust), 정치(politics), 인종주의(racism) 등의 용어가 2010년까지 나타났다.

32 키워드 또는 용어가 발생한 문서의 평균 출판연도.

33 키워드 또는 용어가 발생한 문서가 받은 평균 정규화된(normalized) 인용 횟수.

2011년부터 2015년 기간을 보면, 동아시아 지역에서 발생한 한류와 운동경기 등을 둘러싼 반한정서 관련 키워드와 어절 등이 나타났다. 한국인(Korean), 중국학생(Chinese student), 대만(Taiwan), 일본(Japan), 뉴미디어(new media), 지정학(geopolitics), 남한(South Korea), 스포츠(sport), 아시아(Asia), 한국(Korea), 대중음악(popular music) 등이 이 기간에 두드러졌다.

직전 기간과 유사하게, 2016년부터 2020년까지 출판된 문서에서 많이 등장한 주제어는 다음과 같다. 국가 지명과 함께 한류(hallyu), 케이팝(K-pop), 한류(Korean wave), 대중문화(popular culture) 등이 포함된 연구 저작물의 평균 출판연도가 2018년도이다. 또한, 중진국(middle powers), 사드(thaad), 반한정서(anti-Korean sentiment) 등도 2018년에 출현했다. 글로벌화(globalization), 소셜 미디어(social media), 국가주의(nationalism), 민족성(ethnicity), 소프트 파워(soft power) 등이 나타났다. 가장 근래인 2021년 이후 기간은 디지털 시대(digital age), 혐오(hate), 젠더(gender), 코비드(covid2022), 동북아시아(northeast asia), 회고(memories) 등이 주제어로 등장했다.

〈그림 4〉는 보스뷰어 데이터를 유씨아이넷(UCInet)의 넷드로(NetDraw)를 이용하여, 피인용도가 높을수록 동심원의 크기를 크게, 평균 출판연도가 최근 연도일수록 주제어의 크기를 크게 재작성한 것이다. 또한 클러스터에 따라 분류하여, 서로 다른 클러스터의 경계선을 두드러지게 나타나도록 그렸다.

〈**그림** 4〉 주제어, 피인용도, 출판연도, 동시출현도, 클러스터링 시각화

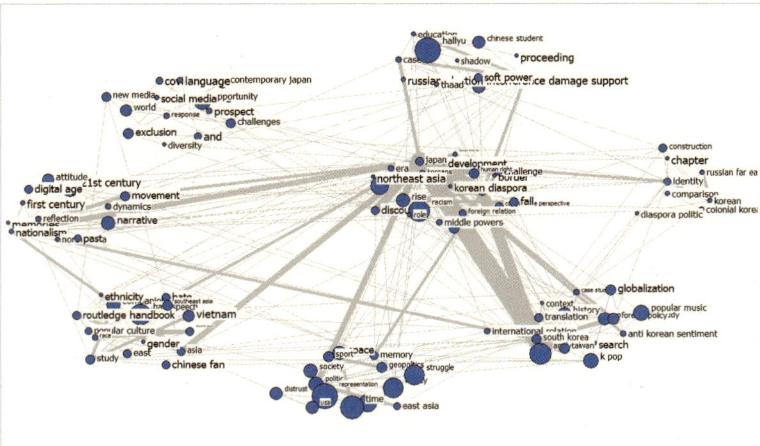

두 단어 사이의 관계 강도가 가장 높은 쌍은 남한-일본(South Korea-Japan, 관계 강도 값 8)이며, 그 뒤를 일본-중국(Japan-China, 6), 중국-남한(China-South Korea, 5), 대만-남한(Taiwan-South Korea, 5) 등이 따르고 있었다. 그다음 그룹에는 일본과 자주 사용된 단어들이 핵심어로 나타났는데, 일본-담론(Japan-discourse, 4), 일본-정치(Japan-politics, 3), 아시아-일본(Asia-Japan, 3), 일본-부상(Japan-rise, 3), 일본-민족주의(Japan-nationalism, 3), 일본-도전(Japan-challenge, 3), 일본-한국인(Japan-Koreans, 3), 인권-일본(human right-Japan, 3) 등이 있었다.

반한정서 연구 저작물 지원기관(funding) 분석

한 발 더 들어가, 논문이 출판된 학술지와 연구비(funding) 언급 여부를 추적하여 반한정서 학문분야를 긍정적으로 인식하거나 재정적으로 후원하는 지원기관의 성격과 국가별 특성 등을 찾았다.

반한정서 관련 연구저술의 사사(acknowledgement) 표기에 나타난 국가와 기관은 7개국의 9개 기관이었다. 한국과 일본이 각각 2개 기관이었으며, 영국, 뉴질랜드, 캐나다, 호주 등이 1개 기관으로 확인되었다. 한국은 한국연구재단(NRF)과 과학기술정보통신부(MSIT)로 나타났으며, 이 두 기관이 공동으로 지원한 논문은 1편이었다. 다른 국가들도 정부기관이 연구비를 지원했다. 그런데 일본은 한국연구재단에 해당하는 정부기관인 일본학술진흥회(JSPS) 이외에, 민간에서 운영하는 토요타 재단이 언급된 점이 눈에 띄는 현상이었다. 특히 일본 JSPS가 언급된 연구저술은 6편으로 한국연구재단 4편보다 많았다. 그렇지만, 한국연구재단의 지원금이 명기된 논문들의 총 피인용빈도는 106회로 일본 JSPS로부터 받은 연구들의 34회보다 3배 이상 많았다.

한편 미국 질병관리청(CDC)으로부터 연구비 지원을 받은 논문은 1편임에도 불구하고 피인용빈도가 24회로 비교적 높았다. 이에 해당 출판물을 찾아보니, 연구를 진행하는 기간에 공저자가 미국 CDC로부터 월급을 받아서 이것을 사사에 언급한 것 이었다.[34] 그래서 데이터베이스에서 CDC를 연구비 지원기관으로 처리하면서 오류가 발생하였다. 이에 이 논문은 〈표 10〉에서 제외하였다.

〈표 10〉 반한정서 관련 연구저술에 나타난 펀딩(funding) 국가와 기관에 따른 출판물 수 및 피인용 수

기관명	국가	출판 수	인용 수	피인용(평균)
Japan Society for the Promotion of Science(JSPS)	Japan	6	34	5.67
National Research Foundation of Korea(NRF)	South Korea	4	106	26.5
Australian Research Council(ARC)	Australia	2	2	1
Economic and Social Research Council(ESRC)	United Kingdom	1	0	-
Ministry of Science and ICT(MSIT)	South Korea	1	1	1
Royal Society of New Zealand(RSNZ)	New Zealand	1	0	-
The Toyota Foundation	Japan	1	8	8
Social Sciences and Humanities Research Council(SSHRC)	Canada	1	8	8

34 https://app.dimensions.ai/details/publication/pub.1091833204

토요타 재단의 지원을 받은 논문을 찾아보니, 토요타 재단(2000-2001 Grant D00-A-509) 뿐만 아니라 마쓰시타 국제 재단(1999-2000; Grant 98-678)도 언급되어 있었다.[35] 일본의 2개 민간기관이 지원한 논문인 것이다. 이 연구는 2015년에 인류학 저널인 '에스노스'[36]에 출판된 것으로 제목이 '재미를 위한 한국의 부채춤: 현대 일본에서의 다양성 공연'[37]이다. 이 논문은 현대 일본의 학교와 지역사회에서 이루어지는 한국 민속 문화 공연에 초점을 맞추고 있다. 저자는 일본에서 소수민족인 재일한국인이 한국 민속무용 공연을 통해 정체성 표현을 구현하는 것은 효과적인 전략이지만, 한국 무용과 음악 공연은 주류적 가치의 지배에 도전하는 데 거의 도움이 되지 않을 수 있음을 말하고 있다.

이 논문은 지금까지 총 8번 인용되었다. 지난 2년간 피인용 건수의 12%가 발생하였다. 그런데, 이 출판물은 같은 분야의 다른 간행물에 비해 피인용도가 높고 평균보다 약 3.32배나 많은 피인용을 받았다.[38] 가장 최근에 발생한 3번의 피인용 현황을 살펴보자. '캐나다 몬트리올 레바논 출신 청년들이 겪는 정체성 갈

---

35 https://app.dimensions.ai/details/publication/pub.1045955712

36 Ethnos - Journal of Anthropology.

37 Korean Fan Dance for Fun: Performing Alterity in Contemporary Japan

38 https://badge.dimensions.ai/details/id/pub.1045955712/citations

등'[39], '비판적 인종 이해력을 위한 이론적 분석틀 정립'[40] 등으로부터 피인용을 받았다. 특히, 2번째 분석틀에 관한 논문은 저명한 국제 학술지인 '인종 민족과 교육'[41]에 게재되었는데, 2023년 11월 16일 기준으로 조회 수가 이미 1,534회 그리고 6회의 피인용 수를 기록했다. 마지막으로 2021년에 발행된 단행본인 '홍콩의 소수민족, 미디어와 참여, 창의적이고 전술적인 소속'[42]에 인용되었다.

공저자 분석

반한감정 연구를 수행한 저자는 총 291명으로 집계되었다. 이 저자들 간의 관계는 138건이었고, 총 관계 강도는 143이었다.[43] 관계의 수는 공동 연구 여부를 기준으로 이진 행렬을 계산한 것이다. 총 관계 강도는 공저한 논문, 단행본 등의 편수에 따라 가

39 Conflicted Identities: Negotiating Belonging among Young People from the Lebanese Diasporas in Montreal

40 https://app.dimensions.ai/details/publication/pub.1045955712

41 Race Ethnicity and Education

42 Ethnic minorities, media and participation in Hong Kong: Creative and tactical belonging

43 전체계산(full counting) 방식으로 집계한 것임.

치 행렬을 계산한 것이다. 한편 이진 행렬 기반 연결망의 촘촘한 정도를 측정한 밀집도(density)는 0.00327으로 나타났다. 이 값은 291명 사이에 실제로 공동 집필한 관계 값 138을 존재 가능한 모든 공저 관계[44]로 나눈 것이다.[45] 백분율로 설명하면, 전체 연구자들 가운데 0.327%만이 공저를 한 것이므로 이 연결망은 매우 느슨하다고 할 수 있다.

또한, 반한감정 주제의 공동 지식생산 행위에서 연구관계를 지배하는 연구자 집단이 있는지 파악하기 위해 공저자 연결망의 집중도를 측정하였다. 집중도(centralization) 값은 0.0104로 매우 낮았다. 이 집중도 지표는 경제학에서 시장의 독점도를 측정하기 위해 자주 사용하는 허쉬만-허핀달 지수(Hirschman Herfindahl Index, HHI)와 유사하다. 이 집중도 값은 전체를 100으로 할 때, 단지 1.04%의 지배도를 나타낸다. 따라서 공저자 관점에서의 반한감정 분야는 특정한 연구자에게 몰리는 것도 아니고, 어떤 연구집단이 지배하는 학문 분야도 아닌 것으로 나타났다.

클러스터 수는 201개로 매우 많았다. 그러나 291명의 저자 중

44 이진 행렬에서 분석대상 전체 수를 n으로 하면 n(n-1)이 생성 가능한 관계의 수임. 방향성이 부재한 대칭형(symmetric)은 n(n-1)/2이 가능한 값임. 정리하면 (291*290)/2=42195.

45 밀도는 138/42195를 계산한 값.

에서 143명은 단독 연구자였다. 그러므로 실제로 2명 이상의 공동 연구 집단을 형성한 것은 148명이었다. 〈표 11〉은 3명 이상의 공동 집단을 형성한 72명의 연구자를 20개의 클러스터로 구분하여 정리하고 있다. 한편 공저자 분석에서 주의해야 할 사항은 동일한 저자가 다른 형태로 표기되는 경우가 종종 있으므로, 저자명 유사어 등을 모아놓은 사전, 즉 시소러스 텍스트 파일을 만들어야 한다는 것이다.[46]

〈표 11〉 3명 이상의 공동 연구 집단

클러스터	세미콜론(;)으로 구분한 연구자 이름(label)
1	chan, chung-hong; fu, king-wa; fung, isaac chun-hai; liang, hai; liu, zhaochong; tse, zion tsz ho; yin, jingjing; zeng, jing
2	joo, dongoh; keith, samuel j.;maruyama, naho u.; ribeiro, manuel alector; woosnam, kyle m.
3	cruz, angelita; kang, gi-heun; kim, hyun-duck; mangan, j.a.; ok, gwang
4	hermansson, patrik; lawrence, david; mulhall, joe; murdoch, simon
5	kim, dongsoo; lee, eun-song; park, byungyul; sakong, mok
6	lee, yong suk; park, ji hoon; seo, hogeun; wang, yue
7	cho, wondeuk; heo, uk; kim, hayam
8	choi, won-shik; kim, hong-jun; kim, jong-yup
9	f, anni'mah nurul; nurhadi, nurhadi; pranawa, sigit
10	hook, glenn d.; mason, ra; o'shea, paul
11	chen, kuan-hsing; hu, chin-ya; wang, chih-ming
12	kang, jiyeon; kim, jae-on; wang, yan

46 Thesaurus는 유사어 및 반의어 등을 모아서 컴퓨터 소프트웨어에 기억시키는 정보 색인임. 상세한 절차는 보스뷰어 사용설명서를 참고하기 바람.

13	kim, ji young; lee, seunghee; li, wenxin
14	choi, jun young; kim, myongsob; parker, suzanne l.
15	kindstrand, love; nishimura, keiko; slater, david h.
16	katada, saori n.; lim, ji hye; wan, ming
17	choi, joon nak; moon, rennie j.; shin, gi-wook
18	jiang, ning; mulvey, kelly lynn; zheng, jiali
19	ibrahim, roliana; selamat, ali; zainuddin, nurulhuda
20	brudermann, thomas; rauter, romana; yamagata, yoshiki

〈그림 5〉는 반한정서 학술문헌을 공동 집필한 저자들의 관계를 시각화한 것이다. 클러스터 기법은 가장 보편적인 네트워크 연관강도[47]를 기반으로 한다. 서로 다른 클러스터는 다른 색깔로 구분하였으며, 저자를 상징하는 원형은 총 연결 횟수[48]에 따라 크기를 달리하여 표현하였다.

〈그림 6〉은 오버레이(overlay) 기법을 사용하여 저자의 '표준화된 피인용 평균 값'[49]을 단일 색깔의 농도로 표현하였다. 또한 린로그/모듈래리티 기법을 사용하여 클러스터들 사이의 경계를 더 명확하게 드러냈다. 저자 이름의 동심원 크기는 이전 그림과 같이 총 연결도 값과 동일하게 설정하였다.

47 Analysis - Method - Association strength.

48 Visualization - Weights - Total link strength.

49 Visualization - Scores - Average normalized citations.

〈그림 5〉 반한정서 학술문헌을 출판한 저자들의 공동 집필 관계

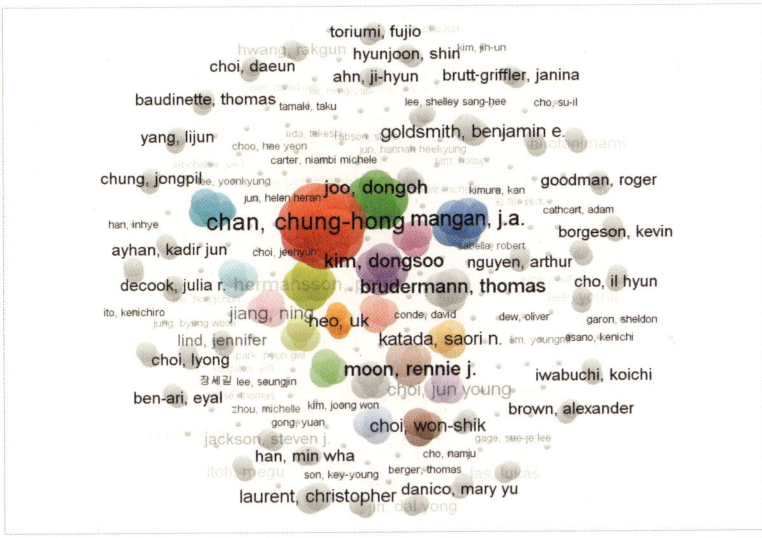

N = 291

〈그림 6〉 오버레이 시각화와 린로그/모듈래리티를 통한 반한정서 공저자 연결망

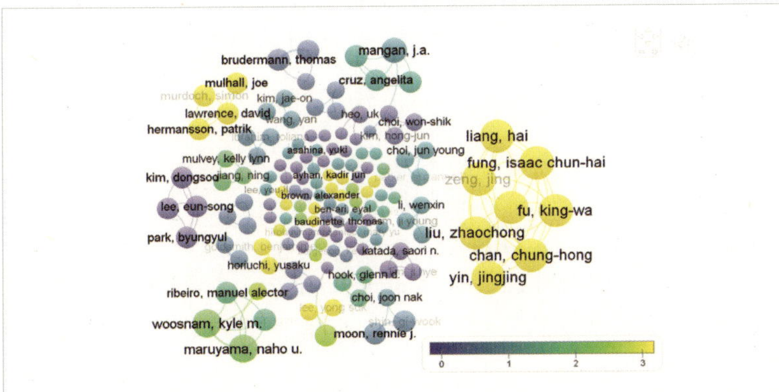

N = 291

〈그림 5〉의 중앙과 〈그림 6〉의 우측에 각각 있는 빨간색과 연두색 동심원은 8명의 저자들이 공저 관계를 맺으며 형성한 가장 큰 클러스터 즉 소집단을 나타낸다. 이들은 2017년 '감염병과 건강'[50]학술지에 게재된 논문 '트위터와 중동호흡기증후군, 남한, 2015: 다언어 연구'[51]의 저자들이다. 이 논문은 메르스 관련 트위터 메시지를 한국어, 영어, 태국어, 인도네시아어, 일본어로 비교분석한 것이다. 일본어 코퍼스에서 상위 20개 키워드 중에는 '반한국인'[52]이 19위에 올랐다. 이는 다른 언어로 동일한 전염병의 발병에 대한 트윗을 2015년 수집한 결과이다. 놀랍게도, 메르스에 대한 일본어 트윗에서 반한감정을 특정한 것으로 보이는 트윗이 다수 발견되었다.

전체 집단에서 교량 역할을 하는, 즉 매개중심성[53]이 가장 높은 연구자는 'Mangan, J.A.'였다. 그는 2편의 연구 저작물을 4명의 서로 다른 연구자와 공동으로 출판했으며, 총 피인용 수는 21회, 표준화된 인용 값[54]은 1.7507, 출판 평균 연도는 2011년, 피인

---

50 Infection Disease & Health.

51 Twitter and Middle East respiratory syndrome, South Korea, 2015: A multi-lingual study

52 anti-Korean

53 Betweenness centrality

54 Normalized citations

용 평균[55]은 10.5회, 표준화된 피인용 평균[56]은 0.8754였다.

첫 번째 논문은 'Ok, Gwang'과 공저한 '베이징 2008: 상징적 헤게모니 주장? 중국 올림픽에 대한 한국 언론의 반발과 반응'[57]이다. 2010년에 '스포츠 역사의 국제 저널'[58]에 출판한 이 논문은 총 인용 값은 4, FCR 값은 2.07이다.[59] 이 논문은 한국 언론의 시각을 통해 베이징 올림픽이 한반도와 미래 지정학에 어떤 영향을 미칠지 분석했다.

다른 논문은 2013년 동일한 저널에 3명과 공저한 '경쟁국: 중국, 일본, 남한 - 기억, 근대, 정치, 지정학 - 그리고 스포츠'[60]이다. 이 논문의 총 피인용 값은 18, 최근 인용 값은 4, FCR 값은 25로 학계의 큰 주목을 받았다. 디지털 소셜 플랫폼에서도 트위터(X)가 1건, 위키백과가 2건, 멘델레이가 33건으로 알트메트릭 주목 값이 4를 기록했다.[61] 이 논문은 아시아 게임을 통해 중국,

---

55 Average citations

56 Average normalized citations

57 Beijing 2008: Symbolic Hegemonic Assertion? South Korean Media Reactions and Responses to the Chinese Olympics

58 The International Journal of the History of Sport

59 https://app.dimensions.ai/details/publication/pub.1020413316

60 Rivalries: China, Japan and South Korea - Memory, Modernity, Politics, Geopolitics - and Sport

61 https://app.dimensions.ai/details/publication/pub.1009227229

일본, 한국이 역사적 갈등에서 비롯된 분노와 복수를 표출하기 위한 도구로 스포츠를 사용하는 것에 초점을 맞추고 있다. 요약하면, 그의 연구는 스포츠가 동아시아 지역의 정치적 갈등에 미치는 영향을 분석했다.

〈그림 7〉은 보스뷰어 데이터를 유씨아이넷의 넷드로에서 다시 분석하여 작성한 것이다. 단독 연구자들과 총 관계 강도 값이 1로 나타난 소위 한 쌍(dyad)의 저자들을 제외한, 공동 집필 연결망이다.[62] 또한, 최적의 시각화를 위해서 연결중심성[63] 값 1을 가진 연구자들을 제외하였다. 이들은 네트워크의 시스템 역동성 차원에서 보면, 이른바 펜던트(pendant)이므로 큰 역할을 하지 않

〈그림 7〉 매개중심성이 가장 높은 'Mangan, J.A.' 공저망

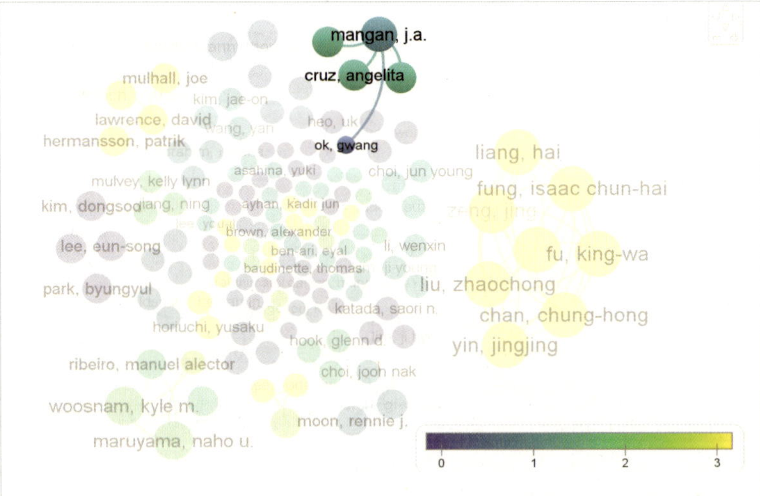

N = 291

는다. 저자를 나타내는 동심원은 집필한 학술문서의 수에 따라 크기를 달리하였으며, 위치는 보스뷰어에서 파악한 서로 다른 클러스터 기반으로 작성했다.

〈그림 7〉의 중앙에는 앞에서 설명했던 8명의 연구자로 구성된 가장 큰 클러스터가 있다. 그리고 좌측 하단에 2번째로 규모가 큰 클러스터에 속한 연구자들이 있다. 이들은 모두 관계 값이 3 이상으로 나타나 활발한 공동 연구 활동을 하고 있음을 알 수 있다. 예를 들면, 이 클러스터에 소속된 'Maruyama, Naho U.'와 'Woosnam, Kyle M.' 두 연구자는 모두 관계 값이 4, 총 관계 값이 5, 문서 수가 2, 총 인용수가 30으로 나타났다. 이들은 2019년에 관광학 분야의 국제 학술지에 2편의 논문을 발표하였다. 이들은 2019년에 관광학 주제의 국제 학술지에 '관광영향에 대한 일반적 인식에서 소수민족 거주자의 관광태도를 설명하는 연구'[64]와 '정서를 사회적 교류에 접목한 일본 오사카의 민족공동체 관광에 대한 독특한 주민집단의 태도를 고찰한 결과'[65]라는

---

62 이들은 76명임.

63 Degree centrality

64 Explaining minority residents' attitudes of ethnic enclave tourism from general perceptions of tourism impacts

65 Incorporating emotion into social exchange: considering distinct resident groups' attitudes towards ethnic neighborhood tourism in Osaka, Japan

제목으로 공저한 논문을 발표하였다.

첫 번째 논문은 일본에 거주하는 브라질과 한국 주민들이 관광 일반과 민족 공동 관광에 대해 서로 다른 인식을 가지고 있음을 찾았다. 구체적으로 말하면, 브라질 주민들은 한국 주민들보다 관광 일반과 민족 공동 관광에 대해 더 긍정적인 관점을 가지고 있으며, 관광 일반으로 인한 지역 사회 혜택에 대한 인식에서도 차이가 있었다. 이 논문은 2024년 1월 2일 기준으로 총 인용 12회, 최근 인용 5회, FCR 4.88로 나타났다.[66]

두 번째 논문은 일본 오사카 이쿠노[67]라는 한인촌 내에서 지역 사회 내에서 개인의 민족 상대에 대한 감정(즉, 지배 민족 집단인 일본인과 소수 민족인 한국인)이 거주자의 민족 이웃 관광에 대한 태도에 미치는 영향을 살펴보았다. 연구 결과, 한국인 거주자의 경우 관광을 통해 경제적 혜택을 인식할 가능성이 높기 때문에 관광에 대한 태도가 더 긍정적인 것으로 나타났다. 반면, 일본인 거주자는 한국인 이웃과의 경험하는 정서적 연대에 기반하여 관광에 대한 특정 태도를 형성하는 것으로 나타났다. 이 논문은 총 인용 19회, 최근 인용 9회, FCR 7.73으로 첫 번째 논문보다 더 높은

66 https://app.dimensions.ai/details/publication/pub.1113334170

67 이쿠노는 일본 내에서 한국인 거주자가 가장 많이 거주하고 있으며, 이 마을은 한국 문화를 중심으로 한 문화 관광의 목적지가 되었음.

성과를 보였다.[68] 특히, 두 번째 논문은 한국, 스페인, 영국 등 트위터(X)에서 4회 언급되었으며, 67명의 멘델레이 독자를 보유한 알트메트릭 값 3을 기록했다.[69]

〈그림 8〉 단독 및 펜던트 연구자를 제외한 공동 집필 연결망

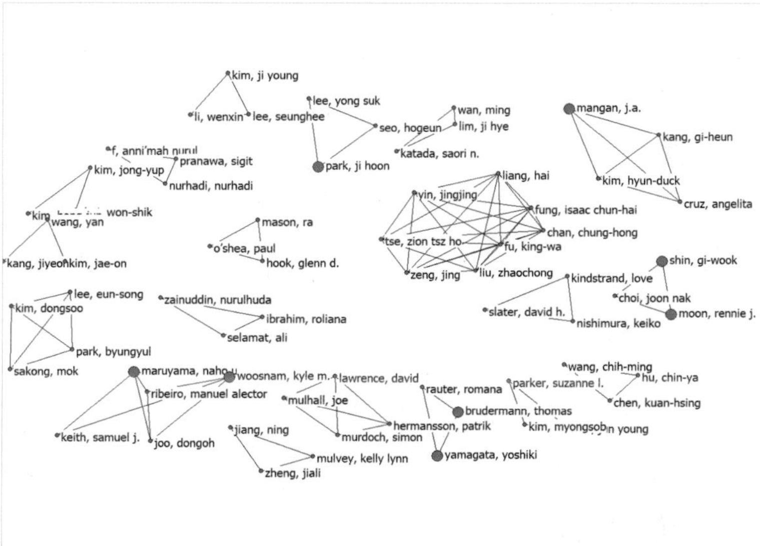

N = 67[70]

68 https://app.dimensions.ai/details/publication/pub.1117019582

69 https://dimensions.altmetric.com/details/61978720#twitter-demographics

〈그림 9〉는 3명 이상으로 공동 연구 집단을 형성한 저자들의 피인용 평균값을 X축, 연결중심성을 Y축으로 해서 유씨아이넷의 산포도[71] 기능을 이용하여 시각화한 것이다. 피인용 값은 한 연구자가 다른 연구자에게 미치는 영향력의 계량적 지표이다.

〈그림 9〉 피인용 평균과 총 관계 강도의 산포도

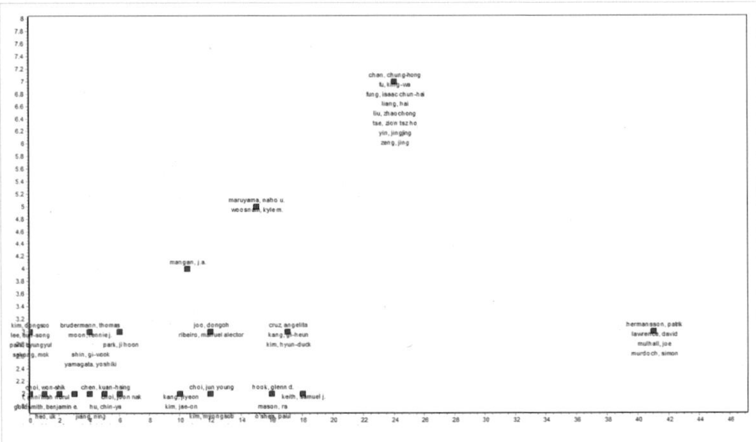

N = 72

따라서, 이러한 결과는 반한정서 분야에서 연구자의 공동저자 연결망의 밀도가 높을수록 영향력이 크다는 것을 간접적으로 시사한다. 공동저자 연결망이 밀집할수록 연구자는 더 많은 연구자와

---

70 3명 이상의 공동 연구 집단을 형성한 72명에서 펜던트 5명을 제외함.

71 Tools - Scatterplot 메뉴를 사용함.

교류하고 있으며, 이를 통해 연구 역량을 강화하고 영향력을 확대할 수 있기 때문이다. 반한정서 연구 분야는 연구자 수가 적고 분야가 비교적 좁은 특징을 가지고 있다. 따라서, 공동저자 연결망이 밀집할수록 연구자는 해당 분야에서 더 큰 영향력을 행사할 수 있다.

〈그림 10〉은 속성 기반 그룹 레이아웃을 사용하여 동심원의 연결중심성과 피인용 평균을 네트워크 시각화한 것이다.[72] 이 레이아웃은 연구자 간의 공저 관계를 연결중심성과 피인용 평균값의 두 개 속성을 기준으로 시각적으로 보여주는 데 효과적이다. 연결중심성 값이 높은 연구자는 중심에 배치되고, 피인용 평균이 높은 연구자는 동심원의 크기가 크게 표시된다. 연결중심성 값이 높은 연구자는 해당 분야에서 연구 역량이 뛰어나고 마당발의 명성(reputation) 있으며, 피인용 평균이 높은 연구자는 해당 분야에서 연구 영향력이 뛰어나다.

한편 연결중심성 지표에서는 눈에 띄지 않았으나, 연구 생산성과 피인용도가 매우 높은 연구자로, 2023년 기준으로 총 3편의 논문과 챕터를 발표하고 가장 많은 피인용을 받았던 'Yoon, Kyong'이 있었다. 그녀는 'Jin, Dal Yong'과 1편의 논문을 공저했지만, 단독 연구한 2편이 반한정서 목록에 또한 포함되었다.

72 Layout - Group by attribute - Categorical attribute - Degree centrality

〈**그림 10**〉 속성 기반 그룹 레이아웃을 사용한 네트워크 시각화

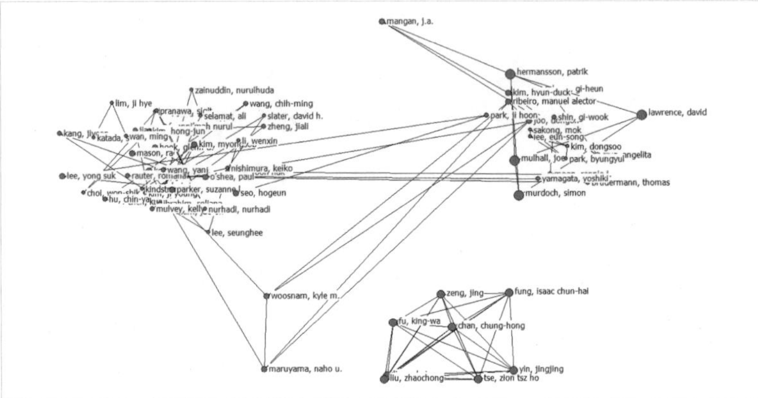

N = 72

2022년에 발행한 '케이팝 트랜스/내셔널리즘'[73]과 '디아스포릭 한류, 한국계 캐나다 청소년 문화의 한류'[74]이다. 모두 87회의 피인용을 받았으나, 공저 논문인 '초국적 한국 대중문화의 소셜 미디어스케이프: 확산 가능한 미디어 실천으로서의 한류 2.0'[75]에서 84회의 피인용을 받았다. 따라서 그녀의 연구 성과는 공저 논문에 집중되어 있으므로, 신중한 해석이 필요하다.

---

73 K-Pop Trans/Nationalism

74 Diasporic Hallyu, The Korean Wave in Korean Canadian Youth Culture

75 The social mediascape of transnational Korean pop culture: Hallyu 2.0 as spreadable media practice

또한 'Kim, Youna'는 공저자 연결망에 나타나 있지 않지만, 단독 연구자로서 가장 두드러진 학자로 평가받았다.[76] 그녀가 수행한 3편의 연구는 반한정서 학술문헌 목록에 포함되었다. 그리고 이 3편은 학술지 논문이 아니라 편저서의 챕터였다. 2016년 발간된 '한국문화사회 편람'[77]에 포함된 '한류'[78] 챕터를 시작으로[79] 2021년 발간된 '한류의 연성적 힘'[80]의 서문은 알트메트릭 주목도 값이 74로 높았다.[81] 그리고 가장 최근인 2022년 발간된 '아시아의 미디어'[82]에 포함된 '연성적 힘과 문화 민족주의'[83] 챕터가 있었다.[84] 한류 연구자로서 그녀는 넷플릭스 등 스트리밍 서비스의 영향으로 한국 대중문화가 전 세계적으로 확산된 현상을 연구하고 있다. 그녀는 미시적, 거시적 차원에서 한류의 다양한 의미와 연성적 권력으로서 한류의 글로벌 파급력을 분석하고 있다.

---

76 'Park, Hyun Gwi'가 단독 연구로 출판한 3편이 있었지만 피인용 성과가 상대적으로 미미했음.

77 The Routledge Handbook of Korean Culture and Society

78 The Korean Wave

79 https://app.dimensions.ai/details/publication/pub.1121713422

80 The Soft Power of the Korean Wave

81 https://app.dimensions.ai/details/publication/pub.1139458426

82 Media in Asia

83 Soft Power and Cultural Nationalism

84 https://app.dimensions.ai/details/publication/pub.1146332462

공(共)기관 분석

반한감정 연구를 수행한 저자들이 소속한 기관은 총 102개로 집계되었다. 2편 이상 출판한 기관으로 제한하면 22개, 3편 이상은 7개로 나타났다. 102개 기관 간의 관계는 방향성을 고려하지 않으면 54건이었고, 총 관계 강도는 55였다. 린로그/모듈래리티 알고리즘을 사용하여 63개의 하위 클러스터를 발견하였으며, 클러스터별로 색상을 구분하였다. 그러나 42개 클러스터는 고립적으로 존재하기 때문에 사실상 클러스터라고 볼 수는 없다. 가장 큰 클러스터 1은 10개 기관이 포함되었으며, 그 다음으로 큰 클러스터는 7개 기관이 포함된 클러스터 2, 4개 기관이 포함된 클러스터 3 등이 있었다. 3개 기관으로 구성된 클러스터는 총 3개였다. 나머지는 2개 기관으로 구성된 소규모 클러스터였다. 시각화는 총 관계 수가 많은 순서대로, 즉 가치 행렬에서 연결중심성이 높은 기관의 이름을 우선적으로 보이도록 설정하였다.[85]

〈그림 12〉는 앞의 102개 기관의 이름을 공동 출판한 파트너 기관의 수로 가중치를 설정하고[86] 평균 출판 연도를 오버레이 점수로 설정하여 시각화한 것이다.[87] 따라서 최근에 반한정서 분야

85 Weights = Total link strength.

86 Weights = Documents.Weights = Documents.

〈그림 11〉 102개 기관의 공동 출판 연결망

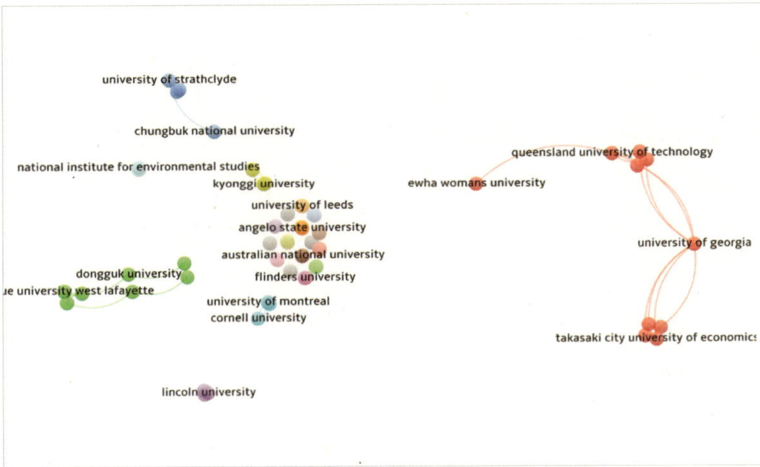

〈그림 12〉 오버레이 시각화를 통한 102개 기관의 공동 출판 연결망

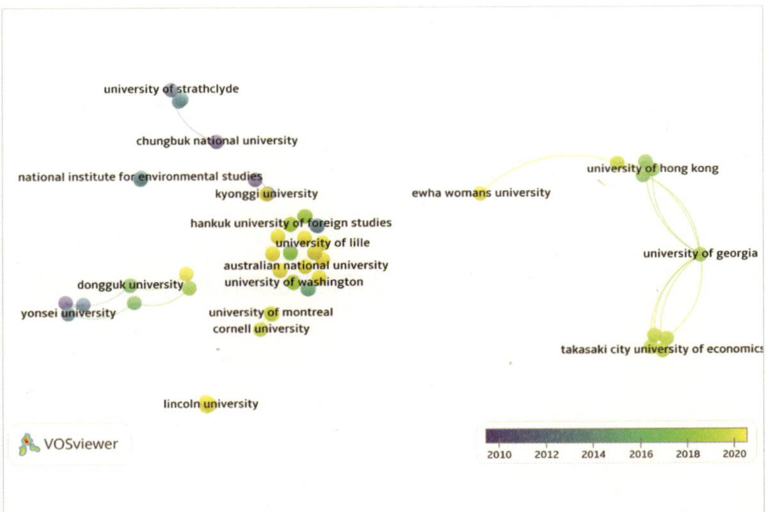

의 연구 생산량이 있는 기관을 한눈에 알 수 있다. 이진 행렬에서 조지아대는 연결중심성 값이 8로 가장 높았고, 퀸즐랜드공과대가 5로 그 뒤를 이었다. 연세대는 출판 편수가 4개로 가장 많았고, 동경대, 호주국립대, 이화여대, 코넬대, 홍콩대, 고려대, 교토대가 3편으로 그 뒤를 이었다.

〈그림 13〉 공동 출판 관계로 서로 연결된 10개 기관

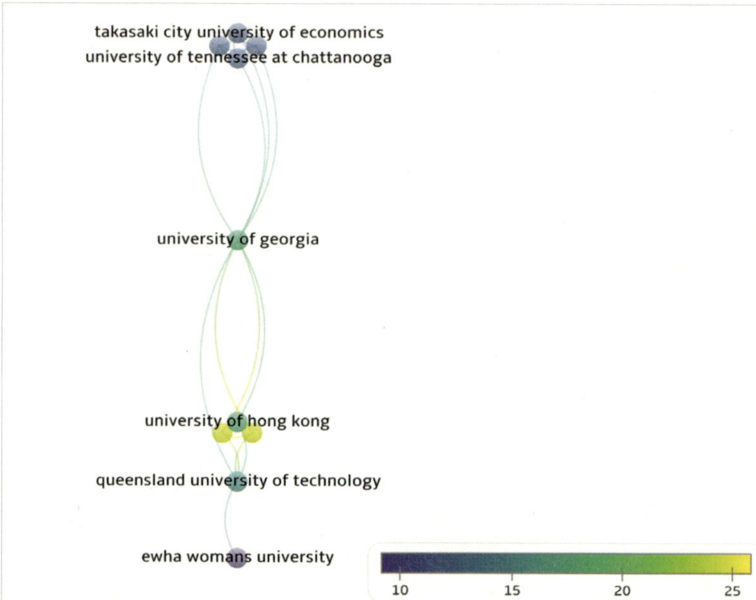

87 Score = Average publication year.

흥미롭게도 〈그림 13〉의 우측에서 볼 수 있듯이, 10개 기관이 서로 연결된 대규모 클러스터가 형성되었다. 그래서 추가적으로 10개 기관만 〈그림 13〉에서 오버레이 옵션을 적용해 시각화하였다. 이들간 관계의 수는 방향성을 고려하지 않으면, 총 21개이다. 린로그/모듈래리티 알고리즘을 사용하여 서로 다른 2개의 하위 클러스터를 발견하였다. 평균 인용 수에 따라 색상을 구분하였으며[88] 출판한 빈도가 많을수록 즉, 가중치가 높은 기관의 이름이 우선적으로 보이도록 설정했다[89].

또한 클러스터별 기관 목록과 분석 값은 〈표 12〉에 정리하였다. 클러스터 1에는 다음과 같은 기관들이 포함되어 있다. 홍콩중문대, 이화여대, 조지아남부대, 퀸즐랜드공과대, 홍콩대 등이 포함되어 있다. 클러스터 2에는 다카사키시 경제대, 조지아대, 요하네스버그대, 서리대, 채터누가에 있는 테네시대 등이 포함되어 있다. 이화여대와 홍콩대가 출판 건수 3건으로 가장 많았으며, 홍콩중문대와 조지아남부대가 평균 인용 값 24로 가장 높았다. 총 인용 수는 홍콩대와 조지아대가 각각 53회, 36회로 가장 많았다. 또한 공동 출판한 파트너 기관의 수, 즉 연결중심성은 조지아대와 퀸즐랜드공과대의 값이 각각 8과 5로 가장 높았다.

---

88 Scores = Average citation.

89 Weights = Document.

〈표 12〉 공동 출판 관계로 서로 연결된 10개 기관의 목록 및 분석 값

기관명	클러스터	링크 (Links)	문서 (Documents)	인용 값	정규화된 인용 값	평균 출판연도	평균 인용 값	평균 정규 인용 값
Chinese University of Hong Kong	1	4	1	24	3.375	2017	24	3.375
Georgia Southern University	1	4	1	24	3.375	2017	24	3.375
Queensland University of Technology	1	5	2	31	6.7386	2019	15.5	3.3693
University of Georgia	2	8	2	36	5.0625	2018	18	2.5312
University of Hong Kong	1	4	3	53	7.4646	2017	17.67	2.4882
Takasaki City University of Economics	2	4	1	12	1.6875	2019	12	1.6875
University of Johannesburg	2	4	1	12	1.6875	2019	12	1.6875
University of Surrey	2	4	1	12	1.6875	2019	12	1.6875
University of Tennessee at Chattanooga	2	4	1	12	1.6875	2019	12	1.6875
Ewha Womans University	1	1	3	7	3.3636	2020	2.333	1.1212

과학계량학 분석에 대한 논의와 소결

이 책에서 과학계량학 분석의 목표는 반한정서 학술문헌의 세부 주제와 인용 특성 등을 탐구하고, 보다 넓은 의미의 지식 생산에서 출판 형태, 학술지, 지원 기관 등을 포착하는 것이다. 학문적 분야로서 반한정서는 동아시아의 역사적 맥락성과 비교적 최근에 등장한 한류의 다양성에 대한 문헌을 포함하고 있다. 한류의 다양한 의미와 글로벌 파급력을 분석하면서 반한정서가 언급되고 있다. 대중문화는 국가의 이미지 형성에 중요한 역할을 하며, 한류는 문화, 경제, 정치의 교차를 보여주는 대표적인 사례로서 국가의 역동적인 이미지를 형성하는 데 필수적인 자원으로 여겨진다.

Rafols와 Meyer(2009)는 학제간성(interdisciplinarity)을 측정하기 위한 지표로 '다양성'(diversity)과 '네트워크 일관성'(network coherence)을 제시하고, 이를 '바이오 나노과학'을 사례로 연구한 바 있다. 이 책에서는 그들이 제시한 학문적 다양성 지표를 반한감정 서지학 데이터에 적용하여 저자, 학술지, 인용도, 펀딩에 내재된 동질성과 이질성을 설명하기 위해 노력했다. 또한 네트워크 일관성 지표는 유사성 관계의 강도를 측정하기 위한 지표로 구성되어 있다. 이러한 관점에서 이 책에서는 핵심 주제어를 파악하고 같이 출현한 빈도를 근거로 관계의 강도를 측정하기 위한 접근 방식을 사용했다. 하지만 과학계량학의 고급통계와 복잡한 수학적 기법을 적용하여, 반한정서 문헌에 Rafols와 Meyer(2009)가 제시한 학제간성의 서로 다른 측면을 식별하거나, 내적 메커니즘을 체계적으로 설명하지는 못한 한계점이 있다.

그럼에도 불구하고, 반한감정 특정 사례에 대한 연구를 통해 민족주의적 관점과 한류 및 대중문화 관점이 과거와 현재의 한국에 대한 주변국들의 서로 다른 인식과 태도를 반영하는 측면을 설명하였다. 특히 출판 유형과 지원 기관의 다양성 부족으로 인해 반한감정 지식 기반의 폭이 제한적이긴 하지만, 두 가지 관점의 식별이 역사학과 미디어학의 비교 연구와 통합에 유용할 수 있음을 시사한다. 또한, 한류와 반한의 두 접근 방식의 조합이 새로운 논란을 불러일으킬 가능성은 있지만, 계량적으로 반한정서 학문분야를 연구하는 것은 지적 통합의 발전에 기여할 수 있을 것으로 본다.

사회적·
정치적·
문화적 반한정서

온라인 언급과
나선형(helix) 전파의 분석결과

온라인 언급과 나선형(helix) 전파의 분석결과

반한정서 연구출판물에 초점을 맞추는 과학계량학 분석방법은 학술 영역 내부의 논의 구조와 연결성을 보여주기에 충분할 수 있겠지만, 이 결과를 반한감정의 지적 담론 전체라고 그대로 받아들이기에는 왜곡할 수 있는 요인이 존재한다. 이 점을 고려할 때, 보다 다양한 조사 방법과 대상을 활용하여 연구가 필요하다. 이에 이번 연구에서는 반한감정 관련문헌의 수집, 처리, 분석, 시각화 결과만을 바탕으로 하는 것이 아니라 여러 사회적, 정치적, 문화적 배경을 고려한 접근을 시도하였다.

새로운 접근법

이 연구는 반한감정 학술문헌을 소개하거나 언급하는 다양한 미디어와 채널의 출처 유형과 활동을 추적하였다. 이것은 반한 감정과 같은 민감한 연구주제가 아카데믹 섹터의 경계를 벗어나 뉴스매체, 위키백과, 소셜미디어 등에서 퍼져나가는 것을 측정하는 새로운 접근법이다. 기존에 수행되었던 연구동향 분석이나 지적 담론을 해부하던 방식이 지닌 동질적 데이터 사용의 한계를 극복하기 위한 노력이다. 기존 서지측정학 및 과학계량학을 보완한다는 측면에서, 이를 일반적으로 대안계량학(altmetrics)라고 한다. 알트메트릭은 반한정서 분야에서 출판된 연구가 온라인에서 언급되는 지리적 위치를 추적하고, 이 활동을 모니터링하는 도구와 서비스를 제공한다.

물론, 알트메트릭에서 제공하는 모든 온라인 언급에 데이터 저자와 지리적 위치가 있는 것은 아니다. 예를 들어, 블로그나 트위터 같은 경우는 뉴스 보도와 달리 지리적 위치가 제공되지 않는 경우가 많다. 현실적으로 얼마나 많은 출처가 반한정서 학술 문헌을 언급함에 있어 위치가 설정되어 있는지, 설정되어 있지 않은지에 대한 상세한 통계는 없다. 데이터 수집과 이에 기반한 조사는 항상 완벽하지는 않으며, 고유한 오류나 편향이 있을 수 있다. 따라서 '거짓 양성'(false positive)의 가능성을 인지하고, 조사 결과를 성급하게 일반화하지 말고 주의 깊게 해석하는 것이 중요하다. 이 연구 결과를 확인하기 위해서는 추가적인 조사나 검토가 필요할 수도 있다.

그럼에도 불구하고, 알트메트릭 방법은 과학계량학의 전체 방법론에서 데이터 수집 및 분석에 대한 접근 방식에서 중요한 보완점을 제공한다. 새로운 발견의 독창성과 해석 가능성에 장점을 제공하고, 반한감정의 주제에 대한 포괄적이고 균형적인 연구를 위한 효과적인 기법을 제공한다.

나선형 모델과 출처별, 공간별 온라인 언급 활동에 대한 분석

이 연구는 과학적 지식 교류와 학술적 커뮤니케이션의 역동성을 검토하기 위해 '나선형 기반 공간과 순환'(HSC, helix-based space와 circulation) 개념을 사용한다(Park, 2024). 주로 커뮤니케이션의 선형적(linear) 흐름과 지식 기반 혁신의 발전을 분석한 이전의 접근법과는 달리, HSC 개념은 물리학 및 생물학 분야에서 영감을 얻어 DNA 기반 이중 나선형(helix) 시스템의 작동 순환 프레임워크의 관점에서 학계의 연결망의 구조와 형태를 설명한다(Park, 2024).

HSC의 주요 목표는 대학을 비롯한 학술 영역, 정책과 규제를 담당하는 정부기관, 기업 및 공공기관 등 지식 주도 사회의 다양한 당사자에 걸쳐 협업과 커뮤니케이션의 잠재적 이점을 입증하는 것이다. 이것은 어떤 주어진 상황에서 정보적 순환 운영이 나선형으로 은유적으로 묘사되는 개념적 프레임워크이다(Etzkowitz, 2008; Leydesdorff와 Lawton Smith, 2022). HSC 프레임워크를 통해서, 우리는 학계 내외부에서 정보를 통해 안내되는 연결망을 조사하여 과학과 사회의 교차점에서 발생하는 학술적 커뮤니케이션 유형의 상호 작용을 조사할 수 있다. 왜냐하면 오늘날 갈수록 복잡해지는 연구개발 분야는 다양한 나선형 구성에 의해 제공되는 정보 작업 분야를 다양한 참가자와 함께 평가하는 것이 중요하다. 대학, 기업, 정부 및 개인 간에 존재하는 공생 링크는 경제 및 사회 성장을 촉진하는 긍정적 피드백 루프를 생성할 수 있다.

3중(triple), 4중(quadruple), n중(n-tuple) 나선형(helix)에서 HSC의 중요성은 연구혁신과 과학적 창의력을 자극하는 능력에 있다(Park과 Stek, 2022). Paswan 등(2022)은 n중 나선형 시스템의 핵심 분석단위인 대학(지식)-산업(비즈니스)-정부(정책) 3자 협력 논문이 더 높은 피인용도와 알트메트릭 주목을 받는지 여부를 인도 사례를 통해 연구했다. 구체적으로, 논문 저자의 소속 기관 유형을 대학, 기업, 정부 중 하나로 분류한 후, 다양한 협업 유형을 포함하는 연구 결과를 식별하고 분석했다. 그 결과, 협동으로 출판된 연구논문이 전통적 인용 행위에서는 차이가 없었으나, 소셜 미디어 언급 측면에서는 유리한 것으로 나타났다.

'행위자-토픽 네트워크'(actor-topic network) 모델에 따르면(Hellsten과 Leydesdorff, 2020), 디지털 소셜 플랫폼은 연구의 '사회혁신 및 영향 연구'[90]의 새로운 지식 전파자이자 텍스트 데이터의 원천으로 기능한다(Shin 등, 2023). 따라서 이 책은 4중 헬릭스를 구성하는 정보 채널들을 대상으로 온라인 학술 커뮤니케이션의 주제와 의미를 모델링하여 각 공간에서 일어나는 지식 공유 현상을 정량적으로 측정한다.

4중 모델은 기존의 3중 헬릭스에 뉴스와 피드백 루프를 가진 대중매체를 추가하여, 디지털 소통 매개체를 통해 어떤 학술문헌이 주목을 받아 새로운 의제로 채택되는지, 그 사회적 합의와 정보 흐름의 역학을 분석한다. 반한감정 관련 논의는 학술 논문이나 단행본과 같은 학술적 산출물의 맥락에서 문화근접성이나 문화할인론과 같은 이론적 차원에서뿐만 아니라, 서로 다른 뉴스를 통해 진화, 분기, 병합하는 과정을 따른다. 반한감정의 과학적 연구 결과가 공개적으로 발표된 이후에는, 학술적 저작물에 대한 어떤 토픽이 실증적으로 형성되었는지를 행위자들의 4중 나선형 클러스터링을 적용하여 데이터 분석과 실증 결과를 보고하고, 상황에 맞는 배경 설명으로 이어간다.

따라서 개별 나선형 공간 간의 상호 영향은 새로운 학문적 커뮤니케이션 방식으로 특징지어지는 융복합 분야의 발전에도 기여한다. 이 과정에서 인터넷과 빅데이터는 새로운 상호작용 방식의 출현과 발전을 위한 좋은 플랫폼 역할을 한다. 즉, '빅데이터'를 사례(instance)(즉, 이미 발생한 데이터)의 관점이 아니라 이론적으로 정보를 얻고 관련된 변수(즉, 다양한 조건에서 발생할 수 있는 사

90 Social innovation and impact studies

례)의 관점에서 다루는 것이다(Park, 2014).

〈그림 14〉에서 제시되어 있듯이, 디지털 기술은 연구결과에 대한 온라인 언급을 추적하는 대안적 방식의 연구 저작물에 대한 관심을 측정하거나 추적한다. 즉, 새로운 접근법을 창출하기 위한 적합한 환경을 제공한다.

〈그림 14〉 연구결과에 대한 온라인 관심을 발견하고 다양한 출처를 상호평가하여 추적하는 메커니즘이 작동하는 방법의 예시

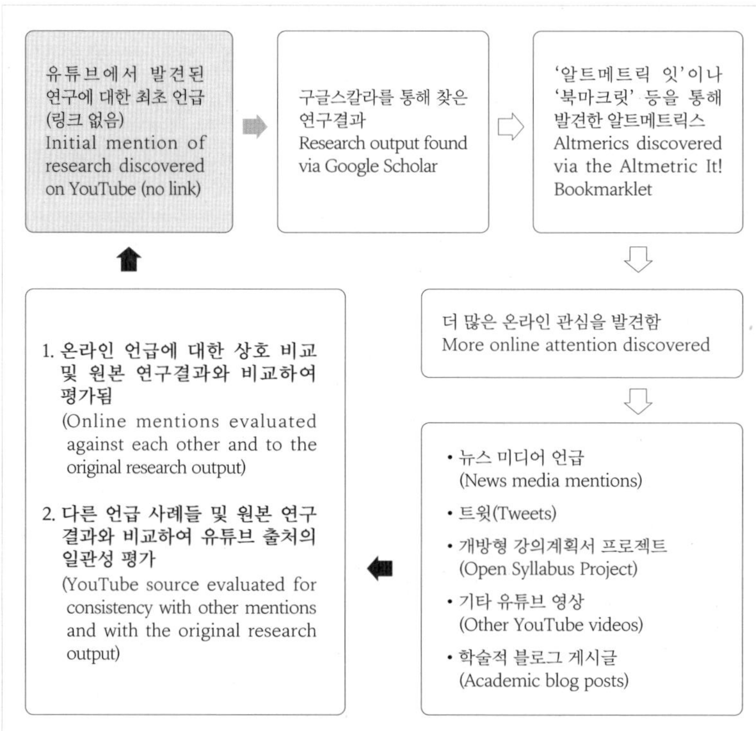

출처: MacDonald와 Miles(2021)를 저자가 부분적으로 재구성.

이 책은 온라인 환경에서 발생하는 학술적 커뮤니케이션의 나선으로 알려진 현상을 조사하고, 이를 통해 정보의 확산과 대중의 참여에 시사점을 제시하고자 한다. 이에 이 책은 네 가지 주요 공간 영역 내에서의 연구 저술물의 활용과 온라인과 나선형의 상호작용에 초점을 맞추고 있다.

첫째, 지식 공간은 동료 리뷰 플랫폼, 강의 계획서, 참고문헌 목록 등 광범위한 학문 영역을 포괄한다. 두 번째 공간은 블로그, 트위터(현 X로 개명), 페이스북(현 메타로 개명), 유튜브 등 가상의 부를 창출하는 것을 목표로 하는 디지털 혁신의 영역을 의미한다. 다음으로, 비즈니스 중심의 혁신 공간 외에도 뉴스 기사, 온라인 백과사전 등이 포함된 사회적 합의를 위한 공공 영역이 있다. 마지막 나선형 공간은 상향식, 중층적 시민사회 풀뿌리 소통을 포함한 앞의 세 공간과 달리 특정 정책목표에 의해 추진되는 영역이다. 예를 들어 중앙(연방)정부, 지방정부, 정부 간 국제기구에서 발표하는 정책 보고서는 과학적 연구결과를 인용하는 것이 일반적이기 때문이다.

요약하면, 이 연구는 HSC 개념에 근거하여 반한정서 연구결과의 온라인 의사소통을 4중 나선으로 분류한다. HSC 나선형 모델은 혁신(innovation), 합의(consensus), 지식(knowledge), 정책(policy) 등으로 구성된 복잡한 네트워크로 정의할 수 있다. 이들 분야는 산업혁신, 공감대 형성, 지식창출, 정책개발등 다양한 영역에서 협력하고 있으며, 각 공간단위를 구성하는 다양한 출처를 〈표 13〉에 상세히 기술하였다.

〈표 13〉 HSC 4중 나선형과 공간에 따른 온라인 언급의 출처 사례들

나선형	공간	디지털 소셜 플랫폼과 채널의 출처 사례들
학계	지식	Peer review sites, patent-sharing platforms
비즈니스	혁신	Blog, Twitter(X), Facebook(Meta), Google+, Reddit
정부	정책	Policy documents
사회	합의	News stories, Wikipedia pages

오락적 활동주의와 유희적 학술주의

Park(2024)에 따르면, 온라인 관심이 4중 나선형으로 향하는 HSC 현상은 다양한 맥락에서 연구될 수 있다. Cervi와 Divon(2023)의 연구는 디지털 시대에 '장난스런 활동주의'(playful activism)라는 개념을 지지하는 증거가 소셜 미디어 이용에서 증가하고 있음을 밝혔다. 마찬가지로, 본 연구는 '유희적 학술주의'(playful academism)라는 개념을 비교 가능한 용어로 도입하여 온라인 영역 내의 다양한 플랫폼을 통해 학문적 활동에 일반 대중을 비롯한 다양한 계층이 참여하는 것을 모델화하려고 시도한다.

이 프레임워크 내에서 유희적 학술주의는 소셜미디어, 뉴스 채널, 위키백과 등과 같은 다양한 플랫폼을 통해 자신을 참여시키고 표현하는 개방된 영역에서 연구저술과 관련된 커뮤니케이션 활동을 수행하는 것을 의미한다. Zhang 등(2023)은 모든 연구 분야

를 다루는 약 400만 개의 학술 출판물을 언급하는 250만 개의 고유한(unique) 트위터 계정에서 게시된 약 4천만 개의 트윗을 분석했다. 놀랍게도 그들은 트위터의 약 절반이 학계 외부에서 이루어졌지만, 외부 트윗의 대부분은 학계 내부에서 시작된 트윗에 대한 반응임을 발견했다. 따라서 대부분의 트윗은 학계 내부에서 이루어졌다. 또한 트윗된 출판물은 보건, 사회과학, 인문학 분야에서 사회적으로 주목받는 최근의 과학적 성과를 더 자주 나타냈다.

Bruns(2023)의 '네트워크 공중'(networked public) 모델에 따르면, 학문의 영역 내에서는 나선형 기반 공간 및 정보순환의 주요 참가자로 '개인적 공중'(personal publics), '이슈/관심 공중'(issue/interest publics), '연결 공중'(connected publics)이 교차하여 공공영역의 3중 배열을 형성한다. 네트워크 공중의 분류 범주는 각 나선형 플랫폼이 사용자들에게, 특히 네트워크화된 공간을 사회적, 기술적, 정책적 및 학술적 영역에 걸쳐 뚜렷한 기회를 제공한다고 가정한다. 이러한 기능은 특히 네트워크화된 독자로 참여할 때 사용자의 커뮤니케이션 관행에 현저한 영향을 미칠 수 있다.

Choi와 Park(2014)은 해시태그를 이용한 장난적 행동주의에 대한 초기 연구에서 해시태그 기반의 소셜 미디어 활동주의가 온라인 정치 커뮤니티에서 자신의 대의명분에 대한 지지를 결집하기 위해 사용하는 '문화 방해'(cultural jamming)의 한 형태임을 발견했다. 내부 집단의 적극적인 참여와 동원, 외부 집단에 대한 저항과 거부는 텍스트나 이미지로 표현되는 장난적 행동주의의 형태로 일단 맥락화될 수 있다. 이러한 점에서 학술연구를 전파하는 사람들도 자신만의 뚜렷한 해설을 반드시 항상 제공하지는 않는다. 그렇지만, 연구논문, 단행본 등에 대한 하이퍼링크를 포함하는 등 콘텐츠를 공유하는 행위를 특징으로 하는 의미 있는 커뮤니케이션 활동에 참여하고 있다.

재미있는 밈이 사회 정치적 이슈에서 온라인 활동주의 콘텐츠가 되어 집단 정체성을 형성했듯이, 유명인뿐만 아니라 일반인들이 전파하는 연구 저술물은 집단 응집력을 높이고 지지 기반을 넓히는 측면에서 유희적 학술주의로 모델링할 수 있다. 나아가 연구실, 학회, 출판사 등 다양한 이익집단이 문화적 전술을 전략적으로 구사할 수 있다. 이제 연구결과의 전파는 학문적 특성과 과학적 요소만으로 설명될 수 없음이 분명하다. 마찬가지로 연구결과를 전파하는 과정에서 하나의 트윗이나 뉴스 기사, 위키백과 글이 근본적인 해체 담론으로 프레임화되어 상황을 악화시킬 위험도 물론 있다. 특히 문화 방해와 오락적 학술 커뮤니케이션의 주요 사례는 과학적 연구결과를 전파하는 매체로 각광받고 있는 플랫폼인 트위터를 대상으로 자주 발생할 수 있다.

Díaz-Faes 등(2019)은 알트메트릭 데이터베이스에서 연구 문헌과 상호 작용하는 트위터를 수집하여 소셜 미디어 사용자의 전반적인 활동을 분석했다. 그들은 과학적 연구를 둘러싼 트위터 기반 관심 공동체의 특징을 검토하면서, 소셜 미디어를 매개로 한 학술 활동과 관련된 새로운 영향 측정으로 학술 출판물의

의미와 범위를 파악했다. 그들은 학술적 출판물을 언급하고 전파하는 트위터 사용자의 행동의 전체 범위를 실증적으로 조사하여, 트위터 활동을 통계적 요인(factor) 분석을 통해 분류했다. 그 결과, '과학 연구에의 참여', '소셜 미디어 자본', '소셜 미디어 활동', '과학적 연구에 대한 초점'의 네 가지 잠재적 차원이 식별되었다. 또한 Fang 등(2022)의 연구에 따르면, 학술 트윗의 참여 행동은 '좋아요', '재전송', '인용', '답변'의 네 가지 유형으로 분류될 수 있으며, 그 중 '좋아요'가 가장 일반적이었다. 또한, 사회과학 및 인문학 분야의 학술 트윗은 다른 주제 분야에 대한 사용자 참여를 유발할 가능성이 더 높았다.

기존 연구는 소셜 미디어, 특히 트위터 공간에서 이루어지는 출판물의 이용 및 가시성 분석이 단순한 언급 지표로 끝나는 것이 아니라, 다양한 관심 커뮤니티 전반에 걸친 과학적 지식의 상호 작용 및 순환을 측정하는 지표 및 기준의 메트릭으로 전환될 수 있음을 보여준다. 이는 소셜 미디어 사용자들이 학술 출판물을 둘러싸고 유희적으로 학술 활동을 하는 현상에 대한 경험적 증거를 제공한다. 또한, 과학 문헌을 언급하고 소통하는 다양한 디지털 플랫폼과 온라인 사용자 활동을 체계적으로 분석하고 특성화하기 위한 새로운 토대 마련이 중요하다는 점을 시사한다.

따라서 이 연구는 의미론, 감성, 연결망 분석을 활용하여 4중 나선 기반의 학술적 커뮤니케이션 시스템에 대한 지속적인 논의에 기여하려고 한다. 더욱이 의미론적 및 감성 분석을 조사하는 작업은 연구 제목을 언급하는 다양한 출처의 플랫폼이 학문적 내용에 대한 언어적 및 감성적 표현을 자극할 가능성이 있음을 밝혀내어, 상호작용 과정에서 장난기 많은 학문주의의 출현을 이끌 수 있음을 찾을 수 있다. 협력적이고 대화적이며 공동의 사회-기술-정책-과학적 요소를 특징으로 하는 4중 나선 플랫폼을 통해 독자를 과학 담론에 통합하는 것은 일반 시민, 실무자 및 전문가가 일상적인 학문 토론에 참여할 수 있는 길을 열어주는 가능성도 있다. 이것은 상호작용하는 네트워크화된 독자를 포함하는 역할도 할 수 있다.

요약하면, 유희적 학술주의와 네트워크화되어 가는 학술적 이용자를 실증적으로 확인하는 이러한 작업은 학술적 글쓰기 내에서 출처를 피인용하는 전통적인 관행이 혁신적으로 변화되는 현장을 실질적으로 파악하는 능력이 있다. 이는 개방적 참여의 관계적, 유형적, 접근 가능한 측면을 강화하여 더 많은 청중에게 그 범위를 확대할 것이다. 지금까지 기존 연구에서 나선형 공간의 대화, 뉴스, 정책 및 지식 기반 특성은 학술적 커뮤니케이션 지표로 확인하려는 노력은 있었다(박혜진과 박한우, 2018; Park과 Park, 2018). 하지만 이것이 반한감정 분야와 관련하여 체계적으로 조사되거나 분석되지는 않았다.

온라인 소셜 플랫폼에서의 학술문헌 언급은 연구의 사회적 영향에 대한 유효한 지표가 아닐 수도 있지만, 과학적 연구결과를 중심으로 이루어지는 유희적 학술주의 및 오락적 연구소통으로 간주하기에는 논리적 근거가 있다. 왜냐하면, 출판물에 대한 이해와 연구결과에 초점을 맞춘 상호작용 과정에서 관심 있는 사람들이 모여 커뮤니티가 형성되고, 이러한 커뮤니티는 연구결과를 다른 사람들에게 추천하고 확산함으로써 연구의 사회적 영향력을 확대하기 위해 노력하기 때문이다(Araújo, 2020).

현재 온라인에서 일어나는 학술적 커뮤니케이션의 복잡한 성격을 설명할 수 있는 잘 개발된 이론이나 모델은 아직 부족하다. 한편 학계에서 진행 중인 온라인 커뮤니케이션은 새로운 종류의 집단 대중을 형성하고 있는 것으로 보인다. 또한 Bruns(2023)가 언급했듯이, 그러한 많은 공간 내의 인지 구조, 게시 활동 및 공유 상호 작용은 분리되어 연구되어 왔기 때문에, 전체적인 그림을 보기 위해 그러한 사례 연구를 하나로 모을 수 있는 더 깊은 프레임워크가 우리는 아직 부족하다. 따라서, 본 연구에서는 경험적 증거를 수집하고 분석 과정에서 나타난 연구 결과의 중요한 측면에 대해 논의하였다.

디지털 플랫폼과 온라인 채널에서 언급된 연구결과

앞서 수집한 300건을 대상으로 알트메트릭을 통해 추적한 결과, 총 165개의 문헌이 최소 1회 이상 디지털 플랫폼이나 온라인 채널을 통해 저장되거나 전파되었다.

구체적으로 말하면, 알트메트릭 탐색기에 접속한다.[91] 당연히 소속 기관이나 개인이 해당 서비스를 구독한 후, '검색 편집'(edit search)을 선택하여 검색어를 세분화하고 가장 관련성이 높은 검색 출력 결과를 내려받을 수 있는 고급 검색 메뉴를 선택한다.[92] 그리고 〈그림 15〉와 같이 학술 고유번호로 이동하여, 1줄에 1개의 디지털객체식별자(DOI)를 입력한다. 물론 DOI[93] 이외에 ISBN, PubMed ID 등도 가능하며, 1회에 검색 가능한 총 ID 개수는 2만5천개이다.

〈그림 15〉 알트메트릭 탐색기에서 학술 고유번호 입력 방식

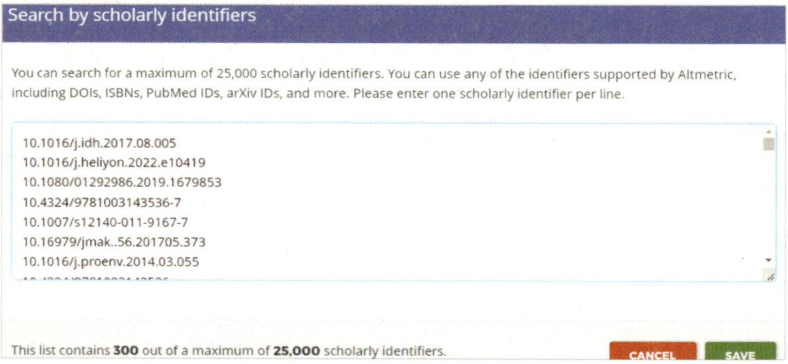

91 https://www.altmetric.com/explorer/highlights

92 고급 검색에 대한 상세한 설명은 다음을 참고하기 바람. https://help.altmetric.com/support/solutions/articles/6000240857-advanced-search

DOI 입력을 저장하고 검색을 실행하면 〈그림 16〉과 같이 전체 결과를 조망하는 화면이 나타난다. 총 언급 횟수[94]는 연구 저작물이 온라인 채널에서 전파된 총 횟수이며, 주목한 연구 결과들[95]은 알트메트릭 주목도 값이 1 이상인 학술 문서의 수이다. 추적된 총 결과물들은 분석대상 중 알트메트릭 검색엔진이 파악한 것이다.

〈그림 16〉 알트메트릭 탐색기에서 검색결과 메인 페이지

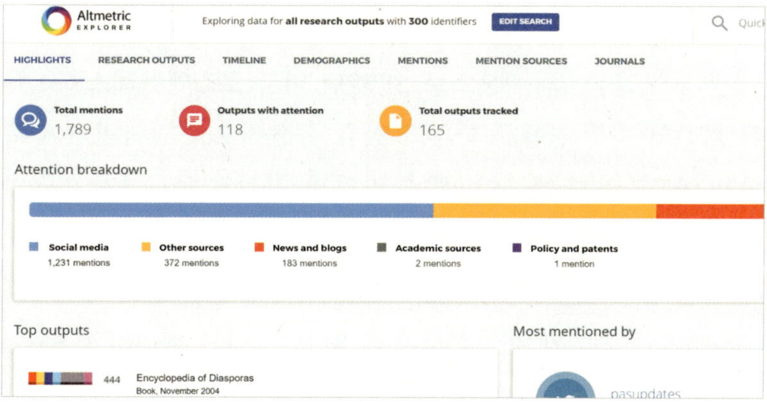

93 Digital object identifier

94 Total mentions

95 Attention outputs

출판 유형별로 분류하면, 단행본(book)이 72건으로 가장 많았으며 논문(article)이 58건, 북챕터(book chapter)가 35건이었다. 폐쇄적 구독 모델이 133건으로 개방적 접근의 32건보다 4배 이상 많았다. 개방형은 그린이 16건, 하이브리드가 7건, 골드가 5건, 브론즈가 4건의 순서로 나타났다.

165개의 문서들 가운데 가장 오래된 것은 1996년에 출간된 북챕터 '뉴욕과 로스앤젤레스 한인 점포에 대한 아프리카계 미국인들의 불매운동'[96]이었다. 이는 브라스(Paul R. Brass)가 편저한 '폭동과 포그롬'[97]의 9장으로, 1992년 미국 로스앤젤레스(LA) 폭동 기간의 민족 갈등을 다루고 있다. 구체적으로 말하면, LA 폭동은 아프리카계 미국인, 백인, 라틴계, 그리고 아시아계 미국인이 희생자와 가해자로 참여한 미국 최초의 다민족 폭동이었다. 이 폭동에서 12,545명이 체포되었는데, 인종별로 보면 라틴계가 45.2%, 아프리카계 미국인(흑인)이 41%, 그리고 백인이 11.5%였다. 북챕터에서는 흑백 갈등 등 인종 중심적 사고방식은 구시대적이고 오해를 불러일으켜서 인종 폭동의 도화선이 될 수 있음을 경고하고 있다.

96 African American Boycotts of Korean-Owned Stores in New York and Los Angeles

97 Riots and Pogroms

위키백과 첫 언급

반한정서 출판물은 온라인 채널들 가운데 2007년 12월 17일 위키백과에서 처음으로 언급되었다. 여기에서 스프링거 과학와 비즈니스 미디어[98]가 2004년에 출판한 '디아스포라 백과사전'[99]을 소개하였다. 이 책에 포함된 99번째 챕터인'일본의 한국인들'[100]이 재일교포를 이야기하면서 적나라한 반한감정을 드러낸 일본 사회를 기록하고 있었다.

〈그림 17〉 연도별 반한정서 연구를 언급한 출처별 빈도에 대한 결과

Date	Twitter	Wikipec	News	Faceboc	Blog	Patent	Peer rev	Google	Reddit
2007-12-17	0	1	0	0	0	0	0	0	0
2009-01-01	0	1	0	0	0	0	0	0	0
2009-02-22	0	1	0	0	0	0	0	0	0
2009-05-11	0	1	0	0	0	0	0	0	0
2009-05-16	0	1	0	0	0	0	0	0	0
2009-06-11	0	1	0	0	0	0	0	0	0
2010-02-13	0	1	0	0	0	0	0	0	0
2010-06-09	0	1	0	0	0	0	0	0	0
2010-10-08	0	1	0	0	0	0	0	0	0
2011-01-19	0	1	0	0	0	0	0	0	0
2011-06-08	0	1	0	0	0	0	0	0	0
2011-10-05	0	1	0	0	0	0	0	0	0
2011-12-11	1	0	0	0	0	0	0	0	0
2012-05-28	0	1	0	0	0	0	0	0	0
2012-06-24	0	1	0	0	0	0	0	0	0

출처: 알트메트릭스[101]

---

98 Springer Science와 Business Media

99 Encyclopedia of Diasporas

100 Koreans in Japan

101 이 데이터는 주목 요약(attention summary) 파일을 참고하기 바람.

이후 〈그림 18〉에서 보듯이, 2011년 12월 11일에 트위터에서 인도네시아 이용자가 '독서 중…'[102]이라면서 다음 논문을 소개했다. '인터아시아 문화연구'[103]가 2009년에 출판한 '비를 본 적이 있습니까? 그리고 누가 비를 막을 것입니까? 한국 팝의 세계화 프로젝트(K -팝)'[104]이다. 이 논문은 한국 가수 비(Rain)가 지닌 섹슈얼리티의 국제적 인기를 설명하면서 반한정서라는 개념을 인용하였다.

〈그림 18〉 반한정서 관련논문을 트위터에서 가장 먼저 언급한 인도네시아 메시지

출처: Twitter.com(현재 ×)

102 sedang membaca…
103 Inter-Asia Cultural Studies
104 Have you ever seen the Rain? And who'll stop the Rain?: the globalizing project of Korean pop(K-pop)

트위터에서 반한정서 관련문헌 언급도는 지금까지 1천2백여 건이 넘어서 가장 많았으며, 위키백과가 4백 건 가까이로 그 다음을 차지했다. 그리고 뉴스매체, 페이스북, 블로그, 레딧 등이 뒤를 이었다.

〈표 14〉 반한정서 관련연구에 대한 출처별 빈도

출처	언급빈도	출처	언급빈도
Twitter	1216	Peer review	2
Wikipedia	372	Reddit	2
News	177	Patent	1
Facebook	12	Google+	1
Blog	6	합계	1789

출처: 알트메트릭스[105]

1회 이상 언급한 모든 채널과 플랫폼을 모두 포함하여 지난 10년간 온라인 반응을 집계하면, 〈그림 19〉와 같이 빠르게 증가하고 있다.

105 이 데이터는 주목 요약(attention summary) 파일을 참고하기 바람.

〈그림 19〉 반한정서 관련연구에 대한 온라인 반응의 연도별 분포

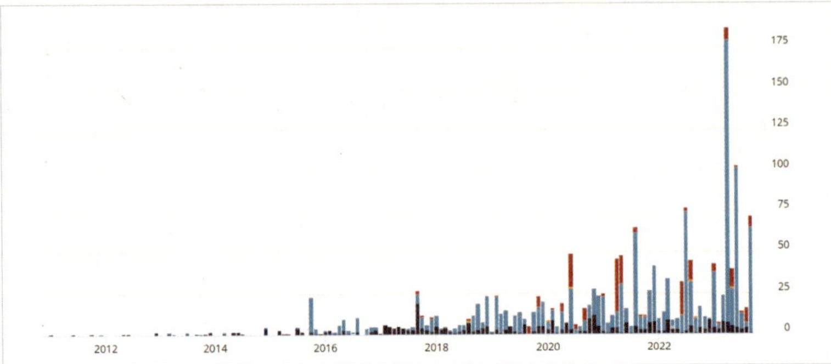

출처: 알트메트릭

온라인 언급과 전파에서 높은 주목도를 보인 연구출판물

알트메트릭은 다양한 출처에서 연구출판물에 대한 온라인 학술 활동을 추적하고 수집하여 제공한다. 연구에 대한 온라인 언급을 모니터링하고 보고하는 데 도움을 주기 위해, 알트메트릭 점수를 집계한다. 알트메트릭 점수는 개별 연구 결과물에 대한 모든 언급의 가중치 합계로, 각 연구출판물이 전체 출처로부터 받은 관심의 양과 범위를 나타내는 지표이다. 전통적인 피인용행위는 수개월에서 수년이 걸릴 수 있지만, 알트메트릭 점수는 출판 후 빠르게 계산된다. 또한 자동화된 알고리즘을 사용하여 연구 결과물이 받은 관심의 양과 유형을 쉽게 파악할 수 있도록 설계되었다.[106]

〈표 15〉에 나타나 있듯이, 알트메트릭 주목도 값이 높은 10개 연구 저작물을 보면 논문은 2편이고 모두 단행본으로 나타났다.

논문 2편은 '국제커뮤니케이션학보'[107]에 게재된 '사죄의 정치학: '쯔위 스캔들'과 케이팝의 초국적 역동성'[108]과 '뉴미디어와 사회'[109]가 출판한 '초국적 한국 대중문화의 소셜 미디어스케이프: 확산 가능한 미디어 실천으로서의 한류 2.0'[110]이다. '한류의 연성적 힘'[111]은 단행본과 서문의 주목도 점수가 103과 74를 각각 따로 획득할 만큼 온라인 언급과 전파가 활성화되었다. 주목도 4위를 차지한 단행본인 '대안우파'[112]와 10위의 '과거의 부담'[113]도 눈에 띈다.

---

106 알트메트릭 주목도 점수 계산에 관한 상세한 설명은 여기를 참고하기 바람. https://help.altmetric.com/support/solutions/articles/6000233311-how-is-the-altmetric-attention-score-calculated

107 International Communication Gazette

108 The politics of apology: The 'Tzuyu Scandal' and transnational dynamics of K-pop

109 New Media & Society

110 The social mediascape of transnational Korean pop culture: Hallyu 2.0 as spreadable media practice

111 The Soft Power of the Korean Wave

112 The Alt-Right International

113 The Burden of the Past : Problems of Historical Perception in Japan-Korea Relations

〈표 15〉 온라인 주목도 상위 10개 논문 및 단행본

주목도	제목
444	Encyclopedia of Diasporas
183	The politics of apology: The 'Tzuyu Scandal' and transnational dynamics of K-pop
179	Gender in Japanese Popular Culture
119	The Alt-Right International
103	The Soft Power of the Korean Wave: Parasite, BTS and Drama
80	K-pop - The International Rise of the Korean Music Industry
74	Introduction
67	The social mediascape of transnational Korean pop culture: Hallyu 2.0 as spreadable media practice
52	The Korean Wave
42	The Burden of the Past

〈표 16〉에 나타나 있듯이, 트위터, 위키백과, 뉴스 등에서 주목도가 높은 상위 5개 연구 저작물을 보면 위키백과와 뉴스는 서로 공통적인 학술문헌이 있다. 예를 들어, 트위터에서는 5위 안에 나타나지 않았던 '디아스포라 백과사전'[114]이 위키백과와 뉴스스토리에서는 1위를 차지하고 있다. 이외에도 5개 가운데 3개가 동일한 반한정서 출판물이었다.

114 Encyclopedia of Diasporas

〈표 16〉 출처별 자주 언급된 연구 제목과 빈도

순위	트위터	빈도	위키백과	빈도	뉴스 스토리	빈도
1	Gender in Japanese Popular Culture	248	Encyclopedia of Diasporas	215	Encyclopedia of Diasporas	86
2	The Alt-Right International	203	Globalization and Popular Music in South Korea	30	The politics of apology: The 'Tzuyu Scandal' and transnational dynamics of K-pop	22
3	The Burden of the Past	64	K-pop - The International Rise of the Korean Music Industry	22	The Soft Power of the Korean Wave: Parasite, BTS and Drama	11
4	Media in Asia: Global, Digital, Gendered and Mobile	45	The Soft Power of the Korean Wave: Parasite, BTS and Drama	9	Introduction	10
5	Media in Asia	35	The Korean Wave	8	K-pop - The International Rise of the Korean Music Industry	9

온라인 공간에서 사람들의 관심을 많이 받은 반한정서 연구결과는 크게 3가지 유형이다. 첫째, 한일 관계의 역사적 맥락을 논의하면서 반한정서를 언급하거나 참조한 연구 저작물이다. 예컨대 '과거의 부담'은 교과서 논쟁에서부터 위안부 문제, 독도 영토 분쟁, 그리고 야스쿠니 신사 참배까지 복잡하고 매우 민감한 문제들의 본질적인 요인들을 추적하고 역사적 인식 분쟁을 다룬 책이다.

둘째, '대안우파'에서 보듯이, 극단적인 민족적 인종주의를 언급하면서 반한정서를 사례로 삼는 경우도 있다. 대안우파는 미국 주류 보수주의의 대안으로 제시된 우익의 한 분류로서, 다문화주의와 불법이민자에 대한 반대 움직임을 비롯하여 백인우월주의, 반유대주의, 반여성주의 등의 성격을 가진 여러 사상이 혼합된 집단이다.[115] 〈그림 20〉에서 볼 수 있듯이, 이 책을 소셜 미디어 공간에서 전파한 사람들은 미국에 23퍼센트로 가장 많이 집중되어 있다.

〈그림 20〉 '대안우파'를 언급한 트위터 사용자가 미국에 집중됨

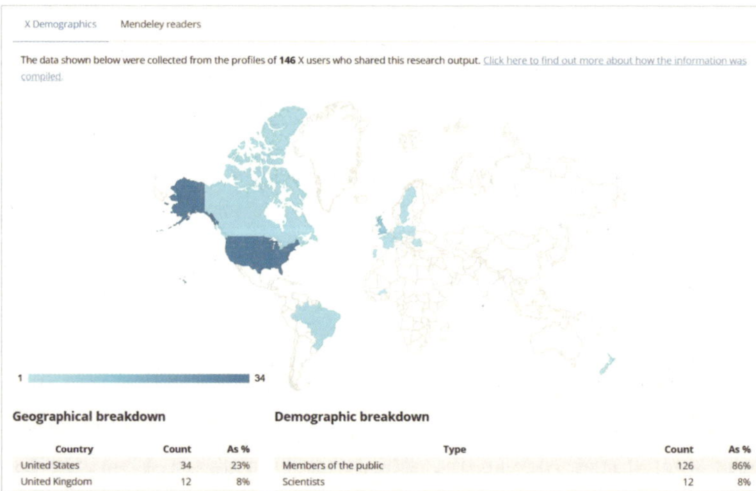

출처: https://www.altmetric.com/details/49667059#twitter-demographics

115 https://en.wikipedia.org/wiki/Alt-right

그렇지만, 〈그림 21〉의 위키백과의 영어, 스페인어, 일본어 등의 다국어 언급 현황을 보면, 대안우파는 미국을 넘어서 세계적으로 확산되고 있다.

〈그림 21〉 '대안우파' 위키백과의 다국어 내용

출처: https://www.altmetric.com/details/49667059/wikipedia

셋째, 한류의 확산에 따른 한국 사회와 문화에 대한 새로운 조명과 한류를 둘러싼 갈등이다. 특히 '사죄의 정치학: '쯔위 스캔들'과 케이팝의 초국적 역동성'[116]은 유명 연예인이 반한정서 이슈와 결부되면서 온라인에서 큰 주목을 받았다. 걸그룹 트와이스의 대만 멤버인 쯔위는 한국 예능 방송에서 대만 국기를 흔들어 사과했다. 이 영상은 곧 전 세계 팬들, 특히 대만, 중국, 한국에서 급속히 퍼져 다양한 행위자들 사이의 복잡한 상황을 생생

116 The Burden of the Past : Problems of Historical Perception in Japan-Korea Relations

하게 보여주며, 국제적 담론 공간을 형성했다.

이 논문이 출판된 학술지에 게재된 366개 가운데서 주목도 값이 183을 기록하면서 2위를 차지했다. 지금까지 이 출처에서 나온 논문들의 평균 주목도는 7.1이다. 분야에 상관없이, 지금까지 알트메트릭에서 계산한 모든 연구결과물 가운데에서, 이 논문은 상위 5퍼센트에 들어간다. 또한, 독자와 온라인에서 받은 관심의 질과 양을 알기 위해서 출처별 유형을 보면, 참고문헌 소프트웨어 멘델레이 저장 49건, 뉴스 22건, 피인용 7건, 트위터 4건, 블로그 1건 등으로 매우 다양하다.

〈그림 22〉 쯔위 스캔들 논문에 대한 높은 온라인 주목도

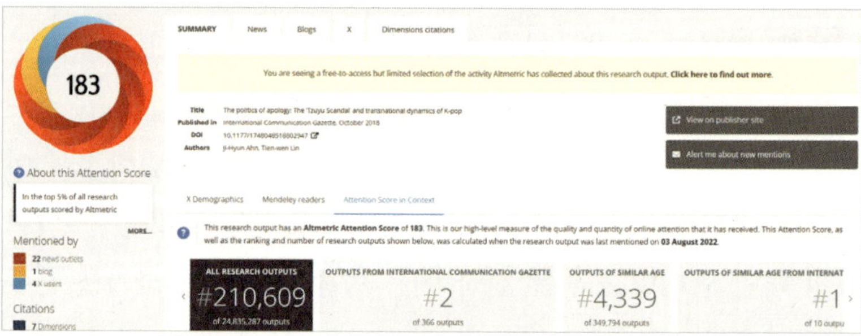

출처: https://www.altmetric.com/details/49398828#score

이처럼 최고 수준의 점수를 보인 것은, 이전 연구에서 보여준 케이팝에 대한 서술적 논조를 넘어서 한류의 정치적 도구화 문제를 명확하게 다루려고 노력했기 때문이다. 이 논문은 케이팝과 같은 국제 문화 흐름이 '쯔위 사건'이라는 특정 사례를 통해

어떻게 강화된 지역 역학과 갈등을 만드는지 살펴보았다. 또한 쯔위 사건에서 지정학이 엔터테인먼트 산업의 젠더(gender)서사에서 나타나는 불균형한 권력 관계와 중국과 대만 간의 권력 관계를 보여주었다.

〈그림 23〉에서 볼 수 있듯이, 한류를 기존의 대중문화 현상과는 다른 흐름으로 특징지으며, 케이팝 가수와 팬덤 현상을 미국 내부의 인종적 이데올로기와 연결되는 이슈에서 등장시키곤 했다. 이러한 극단적인 문제가 발생했을 때, 다른 인종이나 민족의 분쟁적인 역사적 인식을 연예인 사건과 관련지으면서 청소년 세대의 공개된 대화를 통해, 정치적 논리 뒤에 숨겨진 무언가를 볼 수 있음을 강조하기도 했다.

〈그림 23〉 쯔위 스캔들 논문과 관련된 뉴스 스토리

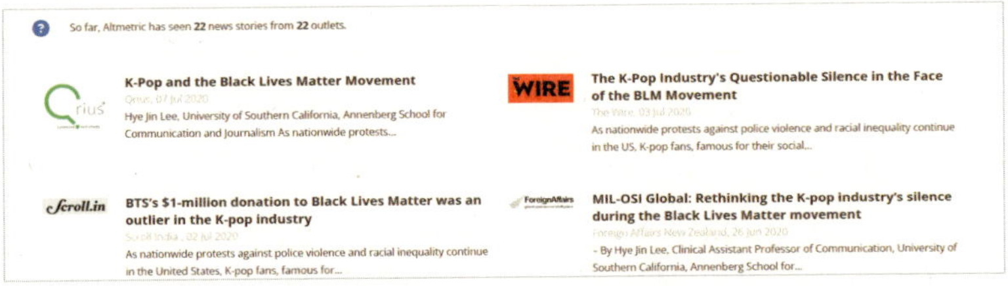
So far, Altmetric has seen 22 news stories from 22 outlets.

K-Pop and the Black Lives Matter Movement
Qrius, 07 Jul 2020
Hye Jin Lee, University of Southern California, Annenberg School for Communication and Journalism As nationwide protests...

The K-Pop Industry's Questionable Silence in the Face of the BLM Movement
The Wire, 03 Jul 2020
As nationwide protests against police violence and racial inequality continue in the US, K-pop fans, famous for their social...

BTS's $1-million donation to Black Lives Matter was an outlier in the K-pop industry
Scroll India, 02 Jul 2020
As nationwide protests against police violence and racial inequality continue in the United States, K-pop fans, famous for...

MIL-OSI Global: Rethinking the K-pop industry's silence during the Black Lives Matter movement
Foreign Affairs New Zealand, 26 Jun 2020
- By Hye Jin Lee, Clinical Assistant Professor of Communication, University of Southern California, Annenberg School for...

출처: https://www.altmetric.com/details/49398828/news

트위터에 관한 연구결과

한 발 더 들어가서 구체적으로 살펴보면, 온라인에서 가장 많이 언급된 것은 2023년 4월 26일으로 총 1,789회 가운데 125회

가 이 날 이루어졌다. 그런데 이 125회가 모두 트위터에서 발생한 것이다. 그래서 트위터에서 이 날 어떤 연구 저작물을 알리기 위해서 활동했는지를 추적해 보았다. 〈그림 24〉는 2023년 11월 19일에 알트메트릭에 방문한 화면을 갈무리한 것으로, 2023년 4월 26일에 125회가 아닌 123회만 보여주고 있다. 애초 데이터를 수집한 2023년 9월 이후에 2회에 해당하는 트윗은 삭제되었거나 접근불가이기 때문에 발생하는 기술적 오차이다.

〈그림 24〉 2023년 4월 26일 반한정서 연구를 언급한 트위터 추적하기

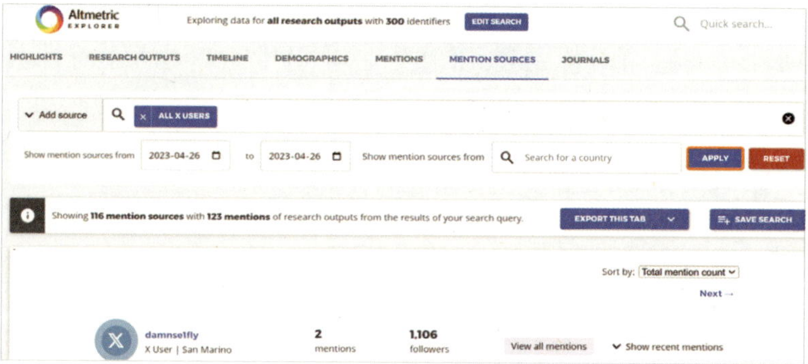

출처: 알트메트릭

2023년 4월 26일 하루 동안에, 반한정서 연구결과에 대한 123개의 언급이 116개의 출처에 의해서 이루어졌다. 그럼 어떤 연구 저작물인지 살펴보자. 팔로워 수 기준으로 가장 많은 28,777명의 구독자를 지닌 트위터 계정 mrjeffu를 비롯하여 많은 사람들이 '일본 대중문화의 젠더: 남성성과 여성성의 재고'[117]라는 신간을 소개하고 있었다(〈그림 25〉와 〈그림 26〉).

〈그림 25〉 2023년 4월 26일에 반한정서 연구를 언급한 트위터 이용자와 트윗 메시지

출처: 알트메트릭

〈그림 26〉 2023년 4월 26일 반한정서 연구를 언급한 트윗 내용

출처: 알트메트릭

한편 Fang 등(2022)의 연구에 따르면, 과학적 연구의 전통적 학술 품질 지표인 피인용수와 참고문헌 멘델레이 독자보다 해당 연구 결과를 트윗하는 트위터 계정의 구독자 수가 다른 사용자들의 참여를 이끌어내는 데 중요한 요인이다. 다시 말해서, 과학 기반 요인보다 다른 소셜 미디어 기반 요인이 연구 결과를 확산

117 Gender in Japanese Popular Culture: Rethinking Masculinities and Femininities

시키는 데 더 중요하게 작용할 수 있다.

〈그림 27〉에서 나타난 바와 같이, 이 책의 알트메트릭 값은 178로 알트메트릭에서 수집한 전체 연구 저작물에서 3위를 차지했다. 트위터에서 221명의 이용자가, 멘델레이 참고문헌 저장용 소프트웨어에서 2명의 사용자가 이 책을 언급하였다.

〈그림 27〉 일본 대중문화의 젠더에 대한 알트메트릭 현황

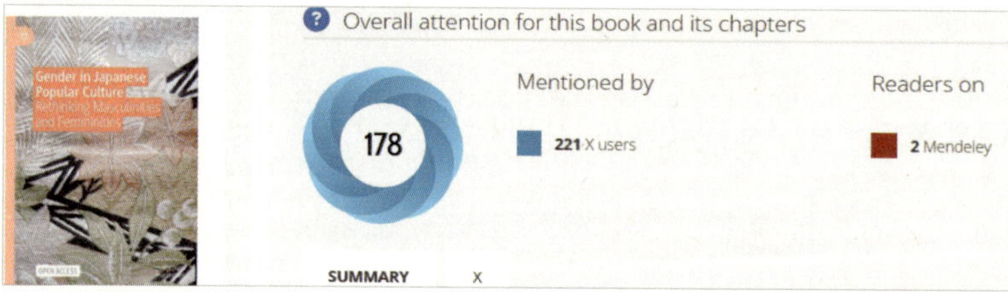

출처: https://www.altmetric.com/details/146582028

〈그림 28〉 '일본 대중문화의 젠더'를 언급한 트위터 이용자 현황

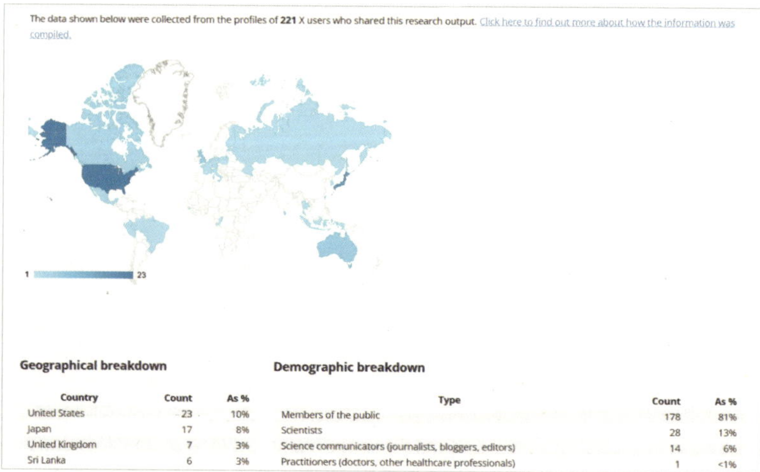

출처: https://www.altmetric.com/details/146582028

이 책에 대한 트위터 이용자 분포를 국가별로 보면 미국(10%), 일본(8%), 영국(3%) 등의 순서로 나타났다. 일반인으로 추정되는 사람들이 81퍼센트로 연구자 커뮤니티보다 대중 독자들에게 특히 인기가 더 높았던 것으로 보인다.

이 책은 9개의 장으로 구성된 편저서이다. 또한 개방형 접근(OA)으로 자유롭고 무제한 내려받기가 가능하기 때문에 누구나 읽을 수 있다. 〈그림 29〉에 나타나 있듯이, 이러한 특징이 관심 공중이 바이럴(viral)을 일으키는 데 긍정적 영향을 미쳤을 것이다. 편집자는 서문에서 이 책은 일본 대중문화에서 젠더가 묘사되고 인식되며 이해될 수 있는 방식을 살펴본 것으로, 참여한 저자들이 국가를 초월한 성별에 대한 새로운 대화를 독자들과 시도하고 있으며, 성별뿐만 아니라 규범성과 관련된 기존의 가정에 도전한다고 밝히고 있다.

〈그림 29〉 '일본 대중문화의 젠더'의 무료 접근에 대한 트윗 내용

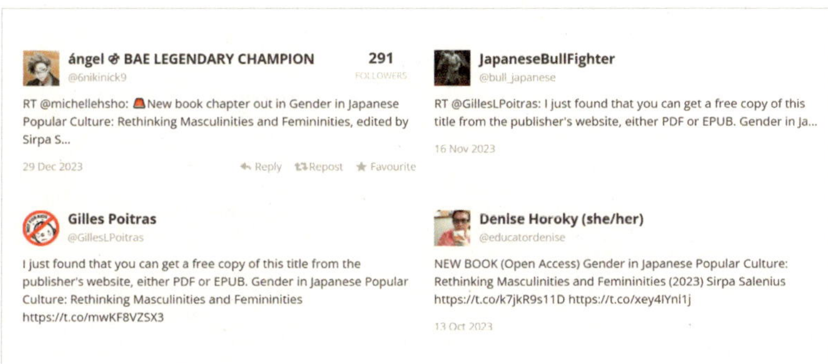

출처: https://link.altmetric.com/details/146582028/twitter

한편 '일본 대중문화의 젠더'가 반한정서 연구출판물에 포함된 이유는, 스포츠 브랜드 나이키 광고에 나타난 다양성과 포용성 의제를 일본과 관련지어 논의한 4장에서(Itatsu, 2023) 이 광고가 일본에서 '자이니치'(zainich)로 알려진 재일동포 영주권자에 대한 지속적인 탄압과 다국적 기업이 추진하는 피상적 다문화주의에 대한 거부의 맥락에서 학자들의 관심을 끌었다고 주장했기 때문이다(Oh와 Han, 2021).

다양한 출처에서 언급된 연구결과의 빈도와 감성분석

〈표 17〉에 요약된 바와 같이, 연구결과가 온라인에서 언급된 횟수는 총 1,789회이다. 이 가운데, 트위터 사용자가 67.97%를

〈표 17〉 다양한 출처에서 언급된 연구 제목의 빈도와 정서

언급한 출처	연구 제목	단어 빈도		부각된 감성 값		총 단어
		긍정	부정	긍정	부정	
Twitter	1216	405	399	0.049	0.048	8338
Wikipedia	372	46	21	0.025	0.012	1806
News story	177	15	23	0.014	0.022	1069
Facebook	12	1	3	0.017	0.051	59
Blog	6	1	0	0.021	0.000	48
Peer review	2	0	0	0.000	0.000	30
Reddit post	2	0	1	0.000	0.056	18
Google Plus	1	0	0	0.000	0.000	3
Patent	1	0	0	0.000	0.000	14
합계	1789	468	447			11385

차지하는 1,216번을 트윗했기 때문에 정보의 확산 측면에서 가장 두드러졌다. 위키백과 및 뉴스 기사의 온라인 언급은 총 372회 및 177회로 나타났다. 페이스북(12), 블로그(6), 동료평가 플랫폼(2), 레딧(2), 구글 플러스(1) 및 특허(1)는 그 다음으로 자주 연구 제목을 언급한 채널들이었다.

디지털 도메인에서 언급된 연구결과의 제목에 대한 감성 분석이 수행되었으며, 활동이 없는 플랫폼은 제외되었다. 트위터는 0.049의 값을 나타내므로 긍정적 언급 측면에서 최고 높은 값을 차지했다. 이는 트위터에 의해 참조된 연구 제목이 호의적인 용어를 포함하고 있어서 해당 디지털 도메인에서 많이 유포되었을 가능성이 있음을 의미한다. 그 다음으로 높은 긍정성이 관찰된 채널은 위키백과(0.025)이었다. 트위터와 위키백과, 이 두 개 플랫폼의 긍정성 값이 약 2배의 차이가 있어서, 2개 플랫폼은 상호 유사성을 보였다고 할 수 없다. 뉴스 기사는 0.014의 점수로 나타난 바와 같이, 많은 연구저술 중에서 가장 낮은 수준의 낙관론을 지닌 연구 제목이 뉴스에 언급되었음을 확인했다.

다양한 출처에서 언급된 연구 제목에 포함된 표현에 대한 부정적인 감정을 평가할 때, 레딧은 0.056의 가장 높은 값을 얻어 가장 회의적인 사이트가 되었다. 이것은 레딧에 게시된 연구저술을 설명하는 연구 제목에 호의적이지 않은 용어가 사용되었음을 의미한다. 트위터는 0.048, 뉴스 기사는 0.022의 값을 받았다. 페이스북에서 언급된 연구 제목의 부정성 값은 0.051로, 레딧 못지않은 높은 값을 가진다. 위키백과는 가장 낮은 부정적 회의론 점수인 0.012를 얻었다. 그렇지만 트위터, 위키백과, 뉴스 등을 제외한 다른 출처들의 사례 건수가 미미하기 때문에 이것을 의미 있는 값으로 해석하기 힘들다.

〈표 18〉에서 볼 수 있듯이, 과학적 결과에 대해 논의하는 개별 플랫폼 출처는 나선형 공간을 사용하여 분류될 수 있다. 총 1,789번 가운데 1,237번이 혁신 공간에 속하는 채널에서 언급된 것으로 나타났다. 그 다음으로 사회적 및 공적 합의 공간에서 549개의 사례가 있었다. 지식 공간은 단지 3개의 사례만 있었다. 정부 및 정책 공간에서 언급된 연구결과는 없었다. 각 나선형 공간에서 언급된 연구 제목의 긍정적 현저성(salience)을 살펴보면, 혁신 공간에서 언급된 학술 프로젝트가 가장 긍정적인 용어를 사용했으며, 긍정성 값은 0.048이다. 합의 공간은 0.021으로 두 번째로 순위가 매겨졌다. 그렇지만 다른 두 개 나선형 장(場)인 지식과 정책 공간은 사례 수가 너무 작아서 모두 긍정적인 값이 없다. 학술 연구 제목을 분류하는 데 사용된 나선형 공간들 중 혁신 공간은 가장 높은 부정적인 값(0.048)을 보였다. 그 다음은 합의 공간(0.015)이다.

〈그림 30〉은 의미연결망과 정서 분석을 결합한 시각화를 보여준다. 각 나선형 공간 내에서 가장 많이 나타난 상위 50개 단어를 선정하였다. 중복된 용어를 제거한 후 네트워크 시각화를 위해 88개 단어를 선정하였다. 인기(popular), 부드러운(soft),

〈표 18〉 개별 나선형 공간에서 언급된 연구 제목의 단어 빈도와 감성

언급한 나선형	연구 제목	단어 빈도		부각된 감성 값		총 단어
		긍정	부정	긍정	부정	
혁신	1237	407	403	0.048	0.048	8466
합의	549	61	44	0.021	0.015	2875
지식	3	0	0	0.000	0.000	44
정책	0	0	0	0.000	0.000	0
합계	1789	468	447			11385

지지(support) 등과 같은 긍정적인 단어는 파란색 원뿔형 다이아몬드로 표현되고, 부담(burden), 피해(damage), 낙하(fall), 간섭(interference), 반한(anti-Korean) 등과 같은 부정적인 단어는 빨간색 원뿔형 삼각형으로 표현된다. 나머지 모든 단어들은 특정 감정 범주에 할당되지 않았다. 각 나선형은 검은색 원뿔형 정사각형으로 표현된다. 노드엑셀 소프트웨어에서 기본적으로 제공한 '하렐-코렌 빠른 멀티스케일'[118] 레이아웃을 시각화를 구현하는 데 사용하였다. 특히 허브-축(hub-spoke) 구조는 단어들과 그에 대응하는 나선형 사이의 관계를 명확하게 묘사한다. 한국(Korea)이라는 용어만이 세 공간 모두와 밀접한 관련이 있을 뿐이다. 소

118 Harel-Koren fast multiscale

프트(soft), 글로벌(global), 문화(culture), 백과사전(encyclopedia) 등의 용어는 합의 공간 영역과 관련성이 높다. 정서(sentiment)와 담론(discourse)이라는 용어는 혁신 공간과만 연결되어 있다.

〈그림 30〉 나선형 공간에 따른 연구 제목의 의미망 및 감성

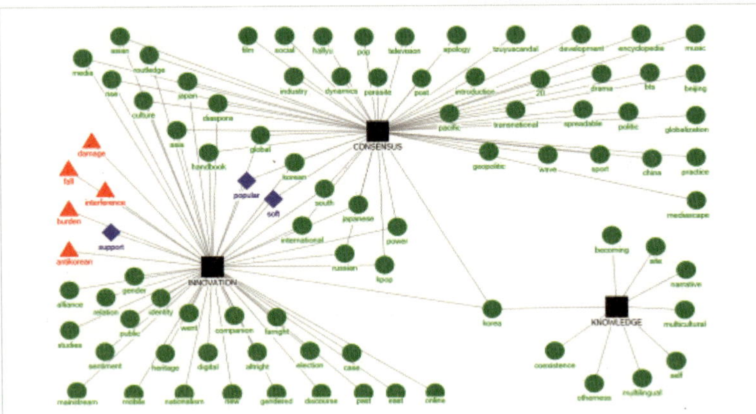

출처별로 사용한 제목과 나선형에 따른 분류

다음으로, 온라인 채널마다 새로운 과학적 발견의 보급 및 확산 단계에서 반한정서 관련 연구를 언급하는 표현이 다를 수 있으므로, 온라인 언급에서 사용한 제목의 의미 연관과 감정 표현의 차이를 조사하였다. 온라인에서 연구결과를 언급하는 제목의 단어 빈도와 감성 수준을 보기 위해 긍정성과 부정성 분석을 실시하였다. 〈표 19〉에서 요약 비교한 바와 같이, 텍스트 기반 제

목의 대화 특성에서 주목할 만한 차이를 관찰할 수 있다. 수집한 데이터에서 제목이 가장 많이 존재한 플랫폼은 위키백과(372건)이며, 뉴스 기사(171건)가 그 뒤를 이었다. 그러나 위키백과(긍정 0.002, 부정 0.015)와 뉴스 기사(긍정 0.020, 부정 0.046) 모두 긍정보다 부정적인 감성 점수를 보였다. 트위터가 출처 목록에 포함되지 않은 이유가 궁금할 것이다. 이는 개별 트윗에서 표현된 제목이 없고 본문 메시지만이 있기 때문에, 제목을 수집할 수 없었기 때문이다.

〈표 19〉 온라인 출처별로 반한정서 연구를 소개하면서 사용한 제목의 빈도와 감성

언급한 출처	출처 제목	단어 빈도		부각된 감성 값		총 단어 수
		긍정	부정	긍정	부정	
Wikipedia	372	2	15	0.002	0.015	968
News story	171	42	99	0.020	0.046	2140
Facebook	12	0	2	0.000	0.021	95
Blog	6	1	2	0.016	0.032	62
Peer review	2	0	0	0.000	0.000	30
Reddit post	2	1	1	0.038	0.038	26
Google Plus	1	0	0	0.000	0.000	9
Patent	1	1	0	0.071	0.000	14
합계	567	47	119			3344

위키백과에서 반한정서 관련문헌을 가장 많이 언급한 항목의 제목은 '말레이시아 중국인'[119]이었다.[120] 그리고 해당 항목에서 인용된 반한정서 문헌은 '디아스포라 백과사전'이었다. 이 항목은 중국인 디아스포라에 대한 논의에서 동남아시아의 관점을 무시하는 중국 중심주의 편향주의를 다룬 내용이었다. 그 다음으로 자주 출현한 위키백과 항목은 케이팝(KPOP)과 방탄소년단(BTS)이었다.

〈표 20〉 자주 언급한 출처에서 사용한 제목

순위	뉴스 스토리	빈도	위키백과	빈도
1	Sikhs in America: A religious community long misunderstood is mourning death in Indianapolis mass shooting	21	Malaysian Chinese	11
2	Rethinking the KPOP industry silence during the Black Lives Matter movement	19	KPOP	10
3	What is Sikhism Breaking down an often stereotyped religion	17	BTS	5
4	BTS take a break World biggest KPOP group is caught between Korea soft power ambition and national security	12	Diaspora	4
5	American sikh are target of bigotry often due to cultural ignorance	10	Japan Media art Festival	4

119 Malaysian Chinese

120 https://en.wikipedia.org/?diff=prev&oldid=798873343#altmetric_citation_8c2fe1c4-d6c3-4864-aafd-c06f2fd08ae8

뉴스스토리에서 가장 많이 사용한 제목은 '미국의 시크교도들: 인디애나폴리스 총기 난사 사건으로 오랫동안 오해를 받아온 종교계가 죽음을 애도하고 있다'[121]이다. 이 제목을 사용한 출처는 총 21개였으며, 인도와 호주를 제외하면 모두 미국에 소재한 언론이었다. 이 뉴스가 보도한 반한정서 출판물 또한 '디아스포라 백과사전'이었다.

〈표 21〉 시크교도들을 언급한 뉴스 매체 목록

언급한 날짜	매체 출처	국가
2021-04-17 14:31	The Conversation	Australia
2021-04-19 5:07	Moneycontrol.com	India
2021-04-21 5:05	Wyoming Tribune Eagle	United States
2021-04-17 16:39	Newsbreak	United States
2021-04-17 14:31	Dispatch-Argus	United States
2021-04-17 14:31	The Darien Times	United States
2021-04-17 14:31	Fairfield Citizen	United States
2021-04-17 14:31	Seattle Post-Intelligencer	United States
2021-04-17 14:31	St. Louis Post-Dispatch	United States

121 Sikhs in America: A religious community long misunderstood is mourning deaths in Indianapolis mass shooting

2021-04-17 14:31	Idaho Press	United States
2021-04-17 14:31	San Antonio Express-News	United States
2021-04-17 14:31	goskagit.com	United States
2021-04-17 14:31	Daily American	United States
2021-04-17 14:31	Shelton Herald	United States
2021-04-17 14:31	New Canaan Advertiser	United States
2021-04-17 14:31	KULR 8	United States
2021-04-17 14:31	Yahoo! News	United States
2021-04-17 14:31	Lincoln Journal Star	United States
2021-04-17 14:31	Arizona Daily Star	United States
2021-04-17 14:31	The Bismarck Tribune	United States
2021-04-17 14:01	The Daily Herald	United States

한편 기존 연구에 따르면, 서구 국가, 특히 미국 사용자를 많이 보유한 온라인 플랫폼과 디지털 채널들이 알트메트릭의 출처로 자주 등장한다. Ortega(2020)는 뉴스 매체에는 분명한 앵글로색슨 편향이 있음을 3개의 서로 다른 알트메트릭 데이터베이스를 비교하면서 자세히 검토했다. 따라서 알트메트릭 주목도 값은 이러한 편향을 포함하고 있기 때문에, 온라인 전파와 소통이 결국 사이버 공간에서 일어나는 모든 활동을 (글로벌) 전체적으로 반영하지 않을 수도 있다. 또한 인구 사회적 통계에도 영향을 미치며, 영어권에서 발생한 학술 커뮤니케이션의 일부는 과잉 표현되거나 측정될 수도 있다.

〈그림 31〉에 나타난 바와 같이, '디아스포라 백과사전'은 2024년 12월 19일 기준으로 58개의 언론에서 97개의 뉴스스토리로부터 언급되었을 정도로 대중적인 반한정서 학술문헌이다.

〈그림 31〉 '디아스포라 백과사전'에 대한 알트메트릭 페이지

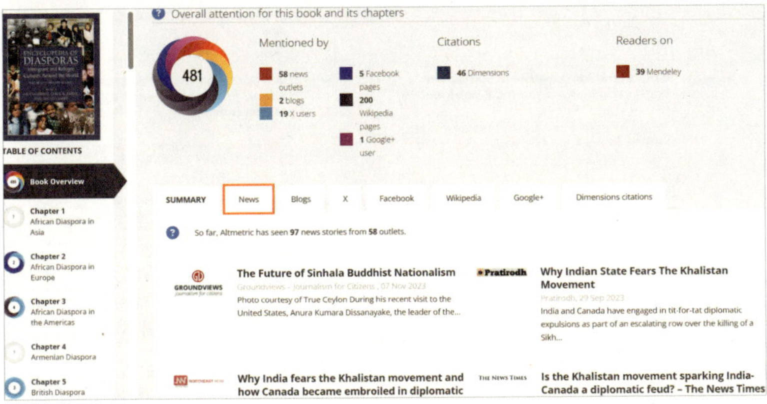

출처: https://www.altmetric.com/details/18479168/news

다음으로 '흑인 생명도 중요하다 캠페인 기간 케이팝 산업의 침묵에 대한 재고'[122]가 두 번째로 가장 많이 등장한 뉴스기사 제목이었다. 호주를 제외하고 18개의 언론사가 모두 미국에 소재해 있었다. 이 뉴스가 인용한 반한정서 연구논문은 '사과의 정치 : '쯔위 스캔들'과 케이팝의 초국가적 역동성'이었다.

---

122 Rethinking the KPOP industry silence during the Black Lives Matter movement

〈그림 32〉 쯔위 사과 논문에 대한 뉴스매체의 주목도

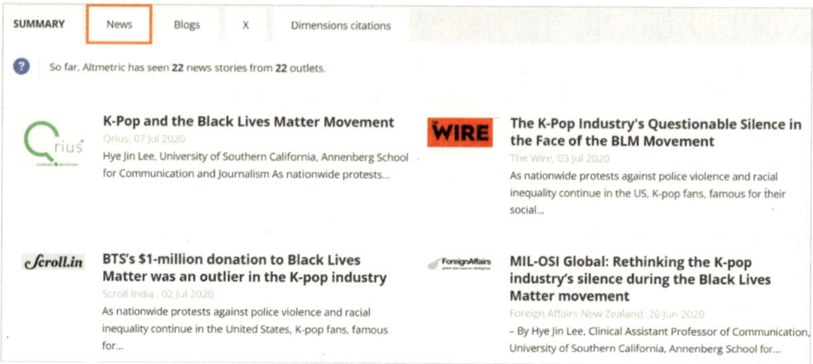

출처: https://www.altmetric.com/details/49398828/news

쯔위 논문 이외에 야후[123]를 비롯한 여러 뉴스가 인용한 다른 학술문헌을 보면, '한국의 "글로벌 드림 팩토리"를 위한 연료: 케이팝 스타가 되기를 꿈꾸는 아이들의 부모의 욕망'[124], '세계 자본과 지역 민족주의 사이에서 한류 연예인들'[125], 단행본 '한류의 진화, 팬덤, 초국적'[126]의 6장인 '탈식민지화된 글로벌 케이팝의 생산과 소비'[127] 등이 있었다.

---

123 https://news.yahoo.com/rethinking-k-pop-industrys-silence-123454280.html

124 Fuel for South Korea's "Global Dreams Factory": The Desires of Parents Whose Children Dream of Becoming K-pop Stars

125 Korean-Wave celebrities between global capital and regional nationalisms

126 The Korean Wave Evolution, Fandom, and Transnationality

127 Postcolonial Production and Consumption of Global K-pop

〈그림 33〉 세계 자본과 지역 민족주의 사이에서 한류 연예인들

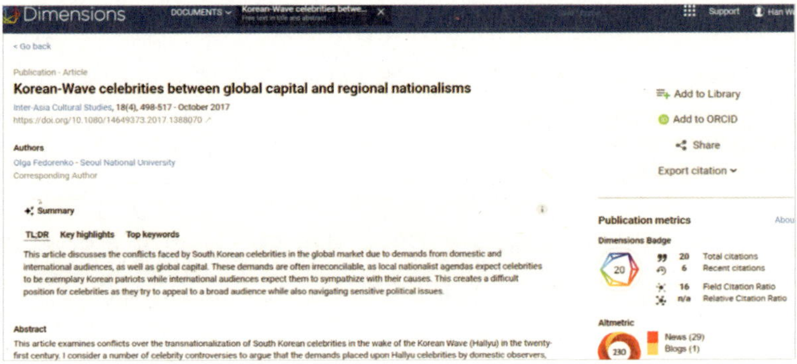

출처: 디멘션스

〈표 22〉에 따르면, 연구 저술 공유에서 합의 분야가 제목을 가장 많이 사용했다(543개). 나선형 공간과 관련된 제목의 감성 분석 결과, 연구 성과를 언급하면서 합의 분야에서 부정적인 제목의 발생률이 가장 높았다(0.037). 혁신 분야가 부정적인 감정 측면에서 그 뒤를 이었다.

〈표 22〉 나선형에 따른 제목의 단어 빈도와 감성 분석

언급한 나선형	나선형 제목	단어 빈도		부각된 감성 값		총 단어
		긍정	부정	긍정	부정	
합의	543	44	114	0.014	0.037	3108
혁신	21	2	5	0.010	0.026	192
지식	3	1	0	0.023	0.000	44
정책	0	0	0.000	0.000	0.000	0
소계	567	47	119			3344

〈그림 34〉는 개별 채널의 언급을 기반으로 3중 나선 구조에 제목을 시각화한 것이다. 긍정적인 단어는 부드러운(soft) 단어 하나뿐이며, 부정적인 단어는 죽음(death), 오해(misunderstood), 영원(mourning), 깨어짐(breaking/break), 무지(ignorance), 편견(bigotry) 등이 있다. 또한 일본(Japan), 문화(cultural), 디아스포라(diaspora), 한국인(Korean) 등과 같은 몇몇 단어는 혁신 분야와 합의 분야에서 동시에 나타났으며, 다문화(multicultural), 포스트(post), 대학(university), 연구(studies) 등과 같은 단어들은 혁신 분야와 지식 분야에서 녹색으로 나타났다.

〈그림 34〉 나선형 공간에 따른 연구 제목의 의미망 및 감성

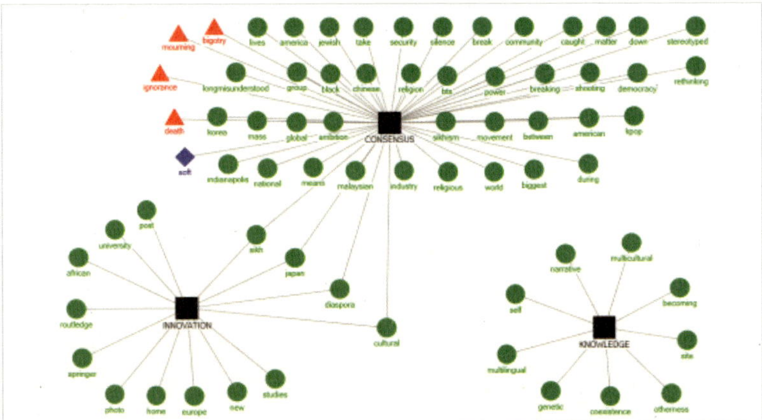

온라인 언급에 대한 논의와 소결

반한감정 분야의 연구결과와 저작물이 전문가 집단을 벗어나 온라인 커뮤니티와 소셜 미디어에서 언급 및 전파되고 있었다. 이것은 학자들의 연구 성과가 지적 담론으로 발전하는 현상과 맥락을 다차원으로 평가하는데 큰 도움을 제공한다. 특히 논문의 피인용뿐만 아니라 디지털로 매개된 커뮤니티의 반응 등을 종합적으로 고려하기 때문에 반한감정의 넓이와 깊이를 정확하게 파악하는데 긴요하다. 그리고 위키백과, 뉴스보도, 트위터 등의 사례가 암시하듯이, 온라인에서의 반응을 거의 실시간으로 측정하면 전통적 지표 및 외부의 다른 주관적 요인에 의존하지 않은 채 반한감정의 지식 확산 구조를 좀 더 균형 잡힌 시각에서 분석할 수 있다. Fang 등(2022)에 따르면, 연구 결과를 트윗하는 트위터 계정의 구독자 수가 피인용수나 참고문헌 멘델레이 독자수보다 연구 결과의 확산에 더 중요한 요인이다. 이는 과학 기반 요인보다 다른 소셜 미디어 기반 요인이 연구 결과의 확산에 더 중요한 역할을 한다는 것을 시사한다.

그러나 이번 연구는 반한정서 학술문헌에 대한 온라인 언급 활동을 제공하는 서로 다른 복수의 데이터베이스를 활용하여 블로그, 트위터, 뉴스 출처 등을 국가별, 언어별, 주제별로 비교 분석하지 못했다. Ortega(2020)와 달리, 이 연구의 목적은 알트메트릭 데이터 공급자들 간의 차이를 확인하는 것이 아니었다. 하지만 복수의 알트메트릭 데이터를 사용하면 지리적 및 언어적으로 더 다양하고 이질적인 언급 활동을 추적할 수 있는 장점이 있다. 특히 더 많은 온라인 뉴스와 소셜 미디어 출처를 확보하면, 미국을 포함한 세계 각 지역에서 발생한 반한정서 학술문헌에 대한 관심을 측정하여 더 상세한 분석이 가능했을지도 모른다. 구체적으로, 알트메트릭 주목도에 영향을 미치는 편향을 탐지하여 통계적으로 제거할 수 있을 가능성도 있다.

특히 트윗 내용에 대한 소셜 교류 데이터를 수집하지 못해 반한정서 학술문헌에 대한 소셜미디어 사용자의 감정을 정확히 파악하지 못했다. 또한 반한정서 학술문헌을 언급하고 퍼트리는 다양한 플랫폼과 채널의 여러 맥락을 고려하지 못해 해당 출판물의 어떤 측면에 더 초점을 맞추는지 파악하기 어려웠다. 문화근접성 이론과 문화할인율 이론을 종합하면, 동아시아를 넘어서 세계적으로 확산되는 한류의 수용과 확산은 문화적 유사성과 문화적 차이라는 두 가지 요인에 영향을 받을 수 있다. 따라서 반한정서 연구 저작물의 온라인 소통 맥락을 언급 채널과 피인용 문헌의 유형과 분야별로 비교하여 그 차이와 유사점을 찾기 위한 노력이 필요하다.

예를 들어, Hassan 등(2020)은 알트메트릭에서 제공하는 출판물과 관련된 트윗의 감정을 분류하고, 긍정적 및 부정적 감정 점수와 빈도 메트릭(metric)을 사용하여 주제 분야별 통계 측정을 시도하여 전문화된 조사보고서를 생성하였다. 그들의 연구 결과에 따르면, 의학, 경제학, 비즈니스 및 의사결정학[128] 분야의 문헌을 트윗한 메시지는 연구 결과에 초점을 맞추고 있었다. 반면, 물리학, 천문학, 재료 과학 및 컴퓨터 과학 분야에서는 트위터 사용자의 의견이 방법론에 초점을 맞추고 있었다.

그러나 이 연구는 트위터 데이터 수집이 불가능하여, 소셜 미디어는 개별 출처 대신 나선형 도메인 수준의 접근 방식을 사용하여 반한정서 연구 저작물에 대한 감성을 측정하였다. 그 결과, 나선형에 따른 독자 커뮤니티가 반한정서 학술문헌의 개별 분야에 대해 다른 감정을 어떻게 보이고 있는지 그 여부를 치밀하게 비교하지 못했다. 그럼에도 불구하고, 나선형 측면의 분야별 감성어와 긍정 및 부정의 분포 분석을 통해 반한정서 문헌에 대한 디지털 커뮤니티의 온라인 소셜 교류의 감정을 이해할 수 있었다. 특히, 이러한 세분화된 나선형 분석은 반한정서 관련분야의 연구자, 독자, 일반인 등이 학술문헌에 대한 소셜 미디어 교류를 수행하고, 학문적 발견을 효과적으로 전파하며, 사회적 영향을 더욱 높이는 데 도움이 될 수 있다.

---

128 Decision science

흥미로운 사실과 기대효과

이 책에서 발견한
흥미로운 사실들과 마무리

이 책에서 발견한 흥미로운 사실들과 마무리

한국을 단순히 미워하는 것이 아닌 한국인을 증오하고 한류에 적대적 태도를 보이는 반한류는 심각한 문제이며, 이에 대한 연구논문이나 단행본도 꽤 나와 있는 편이다. 한국의 문화콘텐츠가 동아시아와 서구에서 인기를 끌기 위해서는 문화적 차이에 대한 이해와 공감도 물론 중요하지만, 증가하는 반한정서 학술문헌의 지식 네트워크와 온라인에서 인기 있는 연구결과를 이해하고 그 담론을 파악할 수 있는 노력도 중요하다. 무엇보다 이 책의 연구대상이 대중이 아닌 엘리트 지식인이 생산한 반한정서 학술문헌이라는 점에서 기존 작업과 큰 차이를 보였다.

요약과 학술가치

연구 생태계의 변화에 따라 과학적 정보와 학술 커뮤니케이션의 구조와 형태도 변화하고 있다. 이러한 변화를 이해하기 위해 반한정서에 관련한 연구 결과의 과학계량학적 분석과 온라인 전파 트렌드 분석을 통해 과학적 정보와 학술 커뮤니케이션의 구조와 전파형태를 새롭게 조명하였다. 또한 아직 초기 단계에 있는 방법이지만, 디지털로 접근 가능한 모든 자료를 대상으로 반한감정 연구 저작물의 연결구조와 사회적 확산경로를 파악하였다. 이것은 반한정서 연구를 전통적 학술공간(지식인)과 디지털 소통공간(일반인)의 대립이 아닌 교류의 틀에서 균형 있게 탐구할 수 있도록 보조할 수 있었다.

그리고 책 전반에 걸쳐 전통적 방식이 아닌 새로운 빅데이터 형태로 분석 자료를 모으고 정리하며 인포그래픽으로서 표현하는 방법을 보여주었다. 이 과정에서 연결망의 구조와 형태를 시각화할 수 있는 도구 소개 및 특징을 앞부분에 정리하였다. 연구자와 실무자가 빅데이터를 연결망 방법을 통해 시각화할 수 있는 소프트웨어 목록을 제시하고, 이 중에서 이번 연구과제에서는 보스뷰어와 노드엑셀 등을 주로 사용하였다.

보스뷰어는 연구 저작물 데이터를 대상으로 그래프 분석 및 시각화를 위한 개방형 소프트웨어이다. 제목, 요약문, 저자, 참고문헌 정보에서 다양한 유형의 그래프를 시각화할 수 있으며, 여러 분석 기능을 제공한다. 노드엑셀은 마이크로소프트 엑셀에 메뉴와 기능을 추가하여 연결망 데이터를 가져오고 저장하고 분석 및 시각화할 수 있는 소프트웨어이다. 노드엑셀과 보스뷰어를 함께 사용해서 이 책에서는 핵심어, 학술지, 연구자, 또는 개별 출판물을 분석 단위인 노드로 포함하여 시각화할 수 있었다.

이 책은 새로운 데이터베이스인 디멘션스에서 반한정서 학술문헌을 모아, 전통적 과학계량학과 디지털 기반 대안계량학을 동시에 활용하였다. 그리고 한류와 공공외교 등의 분야에서 공통적으로 관심 있는 주제의 인지적 특성을 실증적으로 식별하고, 나선형 차원에서 유사점과 차이점을 의미연결망과 감성분석을 근거로 논의하였다. 과학계량학과 대안계량학은 반한정서라는 민감한 역사적, 사회적 주제를 측정하고 연구결과를 다루는데 있어 서로 보완적인 약점과 강점을 보여주었다. 과학계량학은 대중의 반응을 측정하는 기반이 약하지만 대안계량학은 강하며, 대안계량학은 학계 내부 수준의 동적 네트워크 형성 과정에 대한 분석 능력이 약하지만 과학계량학은 강점을 가지고 있기 때문이다.

시사점과 기대효과

이 책은 다음과 같은 학술적 시사점과 사회적 효과를 기대한다. 먼저, 과학계량학에 새로운 방법론과 사회학적 인식론

(epistemology)의 관점을 결합하려는 움직임이 일어나고 있음에 주목해야 한다. Wyatt 등(2017)은 과학기술학(STS)의 질적 담론 및 정량적 형태의 방법론에 대한 개요와 역사적 발전과정에 대한 설명을 제공했다. STS[129]의 기원은 종종 1970년대의 과학적 지식의 사회학(SSK)의 발전과 특히 원자력에 대한 정치적 행동주의와 함께 거론된다. 그러나, 질적 그리고 양적 STS에 대한 더 완전한 이해를 위해서는 1940년대와 20세기 사회학의 거인 중 한 명인 머튼(Robert K. Merton)의 연구를 돌아볼 필요가 있다. 간략히 말하면, Wyatt 등(2017)은 서지계량학 기법이 STS와 SSK[130] 분야의 연구 질문을 실질적으로 해결하는 데 어떻게 사용될 수 있는지를 관련된 예를 풍부하게 제시하였다.

Wyatt 등(2017)의 연장된 시각에서 이 책의 목적은 지식 사회학과 과학계량 방법이 간과한 경향이 있었지만, 두 분야 모두를 위한 새로운 대안계량법이 존재함을 알리고 반한정서 분야의 혁신적 적용을 제공하는 것이다. 온라인 빅데이터를 통해 한류를 둘러싸고 사회적으로 반사되는 디지털 인문학 기반 주제를 선택하고, 복합적 지표 사용을 통해 반한정서론과 관련된 몇 가지 성찰을 제공하였다. 이것은 한류뿐만 아니라 인문학 내에서 광범

129 Science and Technology Studies

130 Sociology of Scientific Knowledge

위하게 사용되는 질적 방법을 넘어선다. 정량적 방법과의 더 큰 조정과 화해를 통해 기존 디지털 인문사회 학자들이 사용할 수 있는 연구 방법의 레퍼토리를 풍부하게 한다.

2024-2025년 독일 베를린에서 개최되는 '인식론적 변화의 서지학적 측정: 이론적 근간 및 타당화' 워크숍은 서지측정학이 과학적 지식 생산 발전에 기여하기 위해서는 학문 공동체 내 인식론적 변화를 추적할 수 있는 능력 향상, 계량적 지표와 경험사회학 이론의 연계 강화, 그리고 과학계량학적 지표의 검증 및 개선 방법 개발이 중요하다고 강조했다.[131] 위 내용은 워크숍 시리즈 소개 글의 요약으로, 세부적인 내용은 다음과 같은 문제의식을 제기했다. 전통적으로 사회학은 과학적 연구의 인식론적 특성을 조사하지만, 경험적 측정 방법이 부족하다. 과학계량학은 연구의 학문적 특성 변화를 측정하기 위한 많은 시도가 있었지만, 이론적 근거가 부족하고 검증 방법의 이론 기반 설득력이 부족하다. 따라서 과학적 연구의 인식론적 특성을 실증적으로 측정하기 위해서는 이론적 근거를 바탕으로 한 측정 방법의 개발과 검증이

131 Call for applications. Workshop series on "Bibliometric measures of epistemic change - theoretical foundations and validation", Organized by Jochen Gläser, TU Berlin, Germany and Kevin Boyack, Scitech Strategies, USA. Dates: 11-12 April 2024, 16-18 September 2024, 10-11 April 2025, Location/Conference Venue: TU Berlin.

필요하다.

이 문제의식에 대해 더 구체적으로 살펴보면, 사회학은 오랜 역사를 가지고 있다. 반면에 서지계량학은 지난 20년간 학술연구 내부의 변화를 측정하기 위한 많은 시도가 이루어졌다. 일반적으로 사용되는 개념으로는 참신성, 독창성, 혁신성, 파괴성, 학제성 및 연구자 간의 지리적, 인지적 거리 등이 있다. 그렇지만 이러한 측정은 이론에 근거하여 정의되는 경우가 드물며, 대부분의 정의는 지표가 측정하는 것에 따라 정의되었다. 이로 인해 동일한 지표가 다른 개념을 측정하고, 동일한 개념이 이론적 근거 없이 서로 다른 지표로 측정되는 상황이 발생했다. 몇몇 측정 검증 시도는 설득력이 부족했다. 검증 시도의 주요한 이슈는 이론적 배경이 부족하다는 것이다. 과학계량학적 측정은 이론적 개념을 심화 및 발전하지 못했기 때문에 동일한 개념을 세부적으로 구체화하는 데 실패하곤 했다. 이미 유효성이 검증된 측정을 비판적으로 사용하여 다시 검증하지도 못했을 수 있다. 대부분의 검증 연구는 제한된 몇몇 연구출판물의 참신성, 독창성, 혁신성 등에 대한 기술적(descriptive) 의견과 실증분석 결과를 비교하는 데 국한되곤 했다. 놀랍지 않게도 이러한 비교는 혼재된 결과를 가져오는 오류를 낳기도 했다.

이러한 고려 사항을 바탕으로, 이 책은 과학계량학적 지표와 온라인 주목도를 보완적으로 활용하여, 과학기술 분야는 아니지만 반한정서를 주제로 출판된 학술문헌을 자료원으로 사용하여 학계 내외부에서 전개되는 특성 변화를 검토하고자 하였다. 온라인 소셜 플랫폼에서의 학술문헌 언급은 연구의 사회적 영향에 대한 유효한 지표가 아닐 수도 있지만, 과학적 연구결과를 중심으로 이루어지는 유희적 학술주의 및 오락적 연구소통으로 간주할 수 있다. 왜냐하면, 이러한 언급은 관심 있는 사람들이 모여 커뮤니티를 형성하고, 이러한 커뮤니티는 연구결과를 다른 사람들에게 추천하고 확산함으로써 연구의 사회적 영향력을 확대하기 때문이다.

지금까지 반한정서에 관련된 개별적 연구들은 문헌연구, 인터뷰, 참여자 관찰 등을 통해 연구결과를 도출할 수 있음을 보여주지만, 여전히 신뢰할 수 있는 계량적 측정 방법이 부족하다는 점을 반증하였다. 또한, 학술문헌을 분석대상으로 선택하여 반한감정 연구 분야의 연결망 특성을 측정하여 이론적 발전을 가능하게 한 사례는 찾아보기 힘들었다. 따라서 이 책에서 시도한 연구방법과 결과분석은 인문사회학에서 지식체계의 디지털 형식에 대한 관심 증가와 데이터 기반 계산 및 측정 방법에 대한 깊은 이해를 제공하는 효과가 있다. 또한, 실용적인 이유에서도 인문적 연구의 인식론적 특성과 구조를 조사하는 데 있어서도 서지 및 온라인 측정학적 방법 및 지표 검증에 활용하는 사례를 보여준다.

나아가 시사점을 찾아보면, 저술과제의 잠재적 독자 계층인 이 분야의 사회 활동가 및 정책 실무자 등을 지적 토론의 공간으로 참여시킬 수 있다. 그리고 반한감정 퇴치를 위한 구체적인 방안과 실천적 제언을 스스로 수행하도록 견인할 수 있다. 반한정서를 언급한 디지털 플랫폼 및 온라인 채널을 분석한 의미망 결과에 따르면, 4중 나선형 모델의 중요한 축인 정부 및 정책 공간이 눈에 띄지 않았다. 이는 반한정서를 감소하고 문화적 화해를 추구하는 모든 사람들이 증거에 입각하여 정부 정책기관의 태만한 역할을 비판하고, 이 연구 결과를 공식화하는 데 필요하다는 것을 의미한다.

끝으로 이 저술을 통해서 반한감정을 다양성과 포용성이라는 맥락에서 우리 모두의 이해가 심화할 수 있는 기회가 만들어질 수 있음을 강조하면서 집필을 마친다.

한류와 K-pop 관련 박한우 교수 연구실적 목록

- Choi, S.C., Meza, X.V., & Park, H.W. (2014). South Korean Culture Goes Latin America: Social network analysis of Kpop Tweets in Mexico. International *Journal of Contents, 10*(1), pp. 36-42.
- Kim, M., Heo, Y.C., Choi, S.C., Park, H.W. (2014) Comparative Trends in Global Communication Networks of #K-pop Tweets. *Quality & Quantity*, 48(5), pp. 2687-2702.
- Xu, W.W., Park, J.Y., & Park, H.W. (2017). Longitudinal dynamics of the cultural diffusion of Kpop on YouTube. *Quality & Quantity, 51*(4), pp. 1859-1875.
- Xu, W.W., Park, J.Y., Kim, J.Y., & Park, H.W. (2016). Networked cultural diffusion and creation on YouTube: An analysis of YouTube memes. *Journal of Broadcasting & Electronic Media, 60*(1), pp. 104-122.

- 박장효, 이정민, 송화영, 김재훈, 현진용, Marc Smith, 박한우 (2023). *인문학 연구자를 위한 한류 빅데이터 분석: 노드엑셀 프로페셔널 활용하기*. 포항: 리커뮤니케이션.
- 박한우, 허은영, 윤호영, 박장효 (2024). 한류 빅데이터 대시보드 발전방안 연구. 한국국제문화교류진흥원 연구보고서.
- 손지훈, 박한우 (2021). 유튜브와 K-POP 아이돌 팬덤 분석: 'TREASURE' 동영상을 중심으로. *Journal of the Korean Data Analysis Society, 23*(6), pp. 2713-2725.
- 장아름, 박지영, 박한우 (2015). 트위터 데이터를 활용한 부산국제영화제(BIFF)의 글로벌 커뮤니케이션 네트워크 분석. *Journal of the Korean Data Analysis Society, 17*(2)(B), pp. 939-950.

2012년 8월 15일 8시 29분 현재 많이 본 뉴스 4위

케이팝, 누가 퍼트렸나 추적했더니 日여고생-獨한국계 모델…

기사입력 2012-08-15 03:00:00 | 기사수정 2012-08-15 16:44:19

Like 40 Tweet 45 미투 기사보내기 폰트

케이팝 띄우는 고마운 그들

일본의 여고생, 브라질의 전직 축구선수, 말레이시아의 대학생…. 케이팝(K-pop·한국 대중가요)의 인기를 세계로 확산시키는, 이른바 '빅 마우스(Big Mouth·소문을 퍼뜨리는 사람)'는 다양했다.

케이팝 확산의 1등 공신은 유튜브, 트위터 등 소셜미디어다. 그리고 그 소셜미디어를 만들어 가는 건 수많은 평범한 사용자다. 방송사와 대형 기획사가 아니라 '케이팝 팬의 친구들'이 케이팝을 확산시키고 있는 것이다.

○ 한류 확산시키는 빅 마우스

소녀시대, 빅뱅 등을 앞세운 한류(韓流)가 세계적으로 인기를 끌고 있다는 것은 누구나 인정하는 사실이다. 하지만 그동안 한류가 어디서 어떻게 퍼져 나가는지는 파악하지 못했다. 영남대 사이버감성연구소는 한류의 발원지를 추적하고 실제 한류 확산에 영향을 미치는 사람들을 파악하기 위해 지난해 11월 1일부터 약 3개월에 걸쳐 트위터의 트윗(개별 글)을 분석했다. 북미와 남미, 아시아, 유럽 등 4개 대륙별로 케이팝을 언급한 트윗을 모두 수집한 뒤 각 트윗을 올린 계정 사이의 네트워크를 조사했다.

일본의 여고생 'kpop_lov' 트위터 화면.

그 결과 케이팝에 관한 소식을 트위터로 확산시키는 과정에는 뚜렷한 영향력을 발휘하는 빅 마

많이 본 뉴스 | 댓글순 | SNS추천순 | 채널A뉴스

1 '휴~' 손연재 동메달 땄으면 1…
2 한국학 대모, 정년 9년 남기고 …
3 홍콩 시위대 "댜오위다오 상륙"…
4 케이팝, 누가 퍼트렸나 추적했더니…
5 현대 경차 '이온' 국내 포착, …
6 [대선주자 인터뷰]김두관 "박근혜…
7 아프리카 출신 올림픽 선수 6명 …
8 日기자들 황당한 독도 질문에 美대…
9 "어디서 와서 ××이야" 민노총 …
10 짐승보다 못한 30대 男 임산부 …

참고문헌

박혜진, 박한우 (2018). 알트메트릭스를 이용한 SSCI 등재 한국 저널의 온라인 소셜 플랫폼에서의 영향력에 관한 연구. Journal of the Korean Data Analysis Society, 20 (3), pp. 1427-1438.

윤경우 (2022). 중국의 한류 수용과 저항. 동북아역사논총, 76, pp. 47-85.

한영균 (2021). 일본 내 혐한류의 전개와 현황, 일본문화연구, 82, pp. 343-368.

Araújo, R.F. (2020). Communities of attention networks: introducing qualitative and conversational perspectives for altmetrics. Scientometrics, 124, pp. 1793-1809.

Bruns, A. (2023 Online First). From “the” public sphere to a network of publics: Towards an empirically founded model of contemporary public communication spaces. Communication Theory.

Cervi, L., & Divon, T. (2023 Online First). Playful activism: Memetic performances of palestinian resistance in TikTok #Challenges. Social Media + Society.

Chang, S.-j. (2022), Korean diaspora: From history to present day. Key note speech, Johannes Reckel and Merle Schatz (Eds.). Korean diaspora - Central Asia, Siberia and Beyond. pp. 15-22, Universitätsdrucke Göttingen.

Choi, S., & Park, H. W. (2014). An exploratory approach to a Twitter-based community centered on a political goal in South Korea: Who organized it, what they shared, and how they acted. New Media & Society, 16(1), pp. 129-148.

Díaz-Faes, A.A., Bowman, T.D., & Costas, R. (2019). Towards a second generation of 'social media metrics': Characterizing Twitter communities of attention around science. PLoS ONE, 14(5), e0216408.

Espinoza, V. (2023). 16 network visualization tools that you should know!. Accessed 7 November 2023, https://medium.com/@vespinozag/16-network-visualization-tools-that-you-should-know-2c26957b707e

Etzkowitz, H. (2008). The triple helix: University-industry-government innovation in action. Routledge.

Fang, Z., Costas, R., & Wouters, P. (2022). User engagement with scholarly tweets of scientific papers: A large-scale and cross-disciplinary analysis. Scientometrics, 127(8), pp. 4523-4546.

Hassan, S-U., Aljohani, N.R., Tarar, U.I., Safder, I., Sarwar, R., Alelyani, S., & Nawaz, R. (2020). Exploiting tweet sentiments in altmetrics large-scale data. Journal of Information Science, 49, pp. 1229-1245.

Hellsten, I., & Leydesdorff, L. (2020). Automated analysis of actor-topic networks on twitter: New approaches to the analysis of socio-semantic networks. Journal of the Association for Information Science and Technology, 71(1), pp. 3-15.

Itatsu, Y. (2023). Not quite there: Nike's diversity and inclusion agenda and Japan's readiness. Salenius, S. (Ed.). Gender in Japanese popular culture. pp. 99-122. Palgrave Macmillan.

Jin, D.Y., & Yoon, K. (2016). The social mediascape of transnational Korean pop culture: Hallyu 2.0 as spreadable media practice. New Media & Society, 18, pp. 1277-1292.

Jung, B.W. (2017). Migrant labor and massacres: A comparison of the 1923 massacre of Koreans and Chinese during the great Kanto earthquake and the 1931 anti-Chinese riots and massacre of Chinese in colonial Korea. Cross-Currents: East Asian History and Culture Review, 6, pp. 177-204.

Leydesdorff, L., & Lawton Smith, H. (2022). Triple, quadruple, and higher-order helices: Historical phenomena and (neo-)evolutionary models. Triple Helix, 9(2), pp. 1-24.

Lim, Y. (2015). Korean fan dance for fun: Performing alterity in contemporary Japan, Ethnos, 80(2), pp. 192-222.

Lin, Z., Yin, Y., Liu, L., & Wang, D. (2023 Online First). SciSciNet: A large-scale open data lake for the science of science research. Scientific Data, 10.

MacDonald, A. B., & Miles, R. A. (2021). Teaching undergraduates to collate and evaluate news sources with altmetrics. In C. Benjes-Small, C. Wittig, & M.K. Oberlies (Eds.), Teaching about fake news: Lesson plans for different disciplines and audiences, pp. 29-47. Association of College and

Research Libraries.

Oh, D., & Han, M.W. (2021). Globalization from above and below: Rejecting superficial multiculturalism and igniting anti-Korean sentiment in Japan. International Journal of Cultural Studies, 25(1), pp. 1-17.

Ohm, S.Y., & Park, Y.S. (2018). The Relationship between South Korea and Taiwan: An analysis through Korean news articles and internet search keywords. Studies in Humanities and Social Sciences, 58, pp. 5-20.

Ortega, J.L. (2020). Blogs and news sources coverage in altmetrics data providers: A comparative analysis by country, language, and subject. Scientometrics, 122(1), pp. 555-572.

Pae, K.C. (2008). Negotiated or negotiating spaces Korean churches in flushing, Queens of New York city. CrossCurrents, 58, pp. 456-474.

Park, H.J., & Park, H.W. (2018). Research evaluation of Asian countries using altmetrics: Comparing South Korea, Japan, Taiwan, Singapore, and China. Scientometrics, 117(2), pp. 771-788.

Park, H.W. (2014). An interview with Loet Leydesdorff: The past, present, and future of the triple helix in the age of big data. Scientometrics. 99 (1). pp. 199-202.

Park, H.W. (2024). Disentangling a secret web of online scholarly interactions involving the research of top scholars in the field of communication. Under review

Park, H.W., & Stek, P. (2022). Measuring helix interactions in the context of economic development and public policies: From triple to quadruple and n-tuple helix vs. n-tuple and quadruple helix to triads. Triple Helix, 9, pp. 43-53.

Park, J.H., & Park, H.W. (2024). An innovative study of the role of public diplomacy in examining the “anti-Korean wave” on YouTube. Under review.

Paswan, J., Singh, V.K., Karmakar, M., & Singh, P. (2022). Does university-industry-government collaboration in research gets higher citation and altmetric impact? A case study from India. Scientometrics, 127, pp. 6063-6082.

Rafols, I., & Meyer, M.S. (2009). Diversity and network coherence as indicators of interdisciplinarity: Case studies in bionanoscience. Scientometrics, 82, pp. 263-287.

Shin, B., Rask, M., & Kahma, N. (2023). Measuring the quadruple helix in social media: A case study of university-industry collaboration. Technological Forecasting and Social Change, 194, pp. 1-14.

Shin, H, & Ho, T.-h. (2009). Translation of ‘America’ during the early Cold War period: A comparative study on the history of popular music in South Korea and Taiwan. Inter-Asia Cultural Studies, 10, pp. 83-102.

Shin, H.B. (2009). Have you ever seen the Rain? And who'll stop the Rain?: The globalizing project of Korean pop (K-pop). Inter-Asia Cultural Studies, 10, pp. 507-523.

Wyatt, S., Milojevič, S., Park, H. W., & Leydesdorff, L. (2017). Quantitative and qualitative STS: The intellectual and practical contributions of scientometrics. Felt, U., Fouché, R., Miller, C.A., Smith-Doerr, L. (Eds). The Handbook of Science and Technology Studies. Boston, MA: MIT Press.

Zhang, L., Gou, Z., Fang, Z., Sivertsen, G., & Huang, Y. (2023). Who tweets scientific publications? A large-scale study of tweeting audiences in all areas of research. Journal of the Association for Information Science and Technology, 74, pp. 1485-1497.

저자 소개

박한우 영남대 교수는 대구에서 초중고를 보내고 한국외국어대(학사), 서울대(석사), 미국뉴욕주립대(SUNY-Buffalo)(박사)를 졸업했다. 네덜란드 왕립아카데미(NIWI-KNAW)와 옥스퍼드인터넷연구원(OII) 등 글로벌 연구기관에서 근무했다. 영남대 부임 이후에 WCU웹보메트릭스사업단, 세계트리플헬릭스미래전략학회, 사이버감성연구소 등을 주도했다. 현재 영남대 BK21사업단에 참여 중이다.

물리적 경계에 한정되었던 인간관계와 시대 이슈가 온라인을 통해 그 경계를 자유롭게 넘나들고 있다. 이러한 변화의 상황에서 박 교수는 기존의 법칙에 도전하는 과정을 탐구하는 데 있어 빅데이터 네트워크 분석 방법을 활용함으로써, 이 분야의 권위자로 인정받고 있다. '나는 글로컬대학 교수다' 및 '나만 모르는 웹3 밈코인 소통' 등의 저서를 통해 연구 결과를 쉽게 설명하고 일반인과의 소통을 강화하고 있다.

데이터 기반 주요 연구방법론인 과학계량학(scientometrics), 하이퍼링크분석(hyperlink network analysis), 웹계량학(webometrics), 대안계량학(altmetrics), 트리플헬릭스(triple helix) 등을 국내에 소개하고 선도해 왔다. 하이퍼링크 연결망은 INSNA(International Network for Social Network Analysis) Connections가 출판한 가장 영향력 있는 연구 목록에 포함되기도 했다.

이러한 방법론은 인문학적 문제의식과 디지털 기술의 접목을 통해, 온라인과 오프라인이 혼합된 복잡한 인간 관계와 문화 현상을 효과적으로 해석하는 데 기여할 수 있다. 온라인 환경에서 발생하는 비구조적이며 역동적인 데이터를 분석함으로써, 우리는 사회적 상호작용과 문화적 트렌드에 대한 깊은 이해를 얻을 수 있다. 박 교수는 이 과정에서 새로운 학문적 통찰과 실용적 해결책을 제공해 오고 있다.

국제 활동으로는 국제저널 Quality & Quantity: International Journal of Methodology, Journal of Contemporary Eastern Asia 편집위원장(EIC), 최초의 웹3 저널 The ROSA의 초대 편집위원장(EIC)으로 활동 중이다. 주요 실적으로 SSCI급 저널 100편 이상 논문 출판, 구글 스칼라 기준 피인용 11000회, h-지수 60 등이 있다.

수상 경력으로는 SCImago-EPI, ASIST(American Society for Information Science & Technology), ISA(International Studies Association) 등에서 우수논문상을 공저로 수상한 바 있으며 2023년 국제커뮤니케이션학회(International Communication Association)

가 선정하는 석학회원(ICA Fellow)에 선정되었다. 국내에서 4번째로 지방대에서는 최초이다.

글로벌 연구 성과와 마찬가지로, 수도권과 지방 간의 격차가 심화될 경우 한국의 지속 가능성이 어렵다는 점을 오래전부터 지적해왔다. 국내외 이슈에 대한 폭넓은 관심과 창의적 지식을 바탕으로, 디지털 기술과 데이터 활용 분야에서 중앙정부 및 지자체의 자문위원으로 활동하며 소외계층의 삶의 질 개선과 지역 발전에 기여하고 있다.

또한, '빅로컬 빅펄스(Big Local Big Pulse)' 랩을 운영하며 데이터를 기반으로 한 이슈 탐지와 융합 학문의 새로운 방향을 제시하고 있다. 이는 데이터 분석을 통해 지역 사회의 구체적 문제를 식별하고 해결책을 모색하는 혁신적 접근법을 포함한다.

이 책은 https://app.dimensions.ai에서 제공되는 디지털 사이언스(Digital Science)의 디멘션스 플랫폼에서 얻은 데이터를 사용하여 작성되었습니다. 라이센스 계약에 따라 데이터 소스에 접근할 수 있습니다. 또한 저자는 연구 목적으로 본 연구의 자료를 무료로 제공해 준 알트메트릭(Altmetric)과 시멘틱스칼라(SemanticScholar)에 감사를 표하고자 합니다. 마지막으로 보스뷰어(VOS viewer)와 노드엑셀(Node XL), 유씨아이넷(UCInet) 소프트웨어를 활용하는 데이터 분석과 시각화가 큰 도움이 되었음을 밝힙니다.

왜 한국을 싫어하나
- 이해하기 쉬운 지식 연결망과 반한감정 -

초판 1쇄　2024년 9월 6일

지은이　박한우
펴낸이　최외출
펴낸곳　영남대학교출판부
출판등록　1975년 9월 5일 경산 제16-1호
주소　경북 경산시 대학로 280
전화　053-810-1802~3
팩스　053-810-4722
홈페이지　book.yu.ac.kr

ISBN　978-89-7581-963-6 93330